나의 하루 1줄

여행 중국어
쓰기 수첩

하루 1줄,
손글씨로 채워가는 나만의 여행 수첩

나의 하루 1줄

여행 중국어
쓰기 수첩

머리말

설레는 첫 중국 여행!
여러분의 네비게이션이 되어드릴게요

안녕하세요! 중국으로의 첫걸음을 내딛게 된 여러분을 진심으로 환영합니다! 이 책은 중국어를 처음 접하는 분들, 중국을 여행하려는 분들, 그리고 귀여운 푸바오를 만나기 위해 중국을 찾는 분들까지, 모두를 위해 준비한 중국어 여행 안내서입니다. 새로운 나라를 여행하는 것은 설레면서도 때로는 두려울 수 있지만, 이 책이 여러분의 든든한 동반자가 되어 줄 것이라 믿어요!

제가 처음 중국어를 배운 건 열세 살이었어요. 그때 중국 한자가 너무 신기해서 만년필로 한자를 눌러쓰는데 잉크가 손에서 지워지지 않을 만큼 많은 시간 동안 따라 써 보곤 했습니다. 사실 썼다기보다 그렸다가 정확할 것 같아요. 점점 글자도 형태를 갖추기 시작하고 획의 굵기에 따라 힘 조절이 가능해 질 때쯤 낯설기만 했던 한자가 점점 익숙해지고 손으로 써 오던 한자 속뜻도 떠올랐답니다.

중국 여행을 하는 것은 이렇게 중국어를 처음 접하는 순간과 닮은 듯해요. 중국은 넓고 사람도 많아서 삶의 모습이 무척 다양하죠. 때로는 이 다양함이 너무 낯설어서 두려움이라는 안개가 눈을 가려버리기도 해요. 그래서 중국 여행은 편안함보다 큰 용기가 필요하고, 중국어 공부는 시작부터 재미보다 어려움이 커 보이기도 한 것 같아요. 하지만 여행자의 실수는 즐거운 추억이 되기도 하듯 어학 입문자의 어려움은 훗날 보람된 기억으로 남기도 하잖아요? 그렇게 마음을 조금은 가볍게 첫걸음을 함께하면 어떨까 하는 마음으로 이 책을 준비했습니다.

낯선 환경에서의 언어 장벽이나 문화 차이는 가장 큰 걱정거리일 수 있어요. 그래서 이 책은 기본적인 중국어 표현은 물론이고 중국 문화를 이해하는 데 도움을 줄 수 있는 다양한

PREFACE

팁들을 여행하는 순서대로 담았습니다. 물론 중국어는 발음과 성조가 중요하지만 처음부터 완벽하게 하려는 부담은 갖지 마세요. 병음(발음기호)을 못 읽더라도 한국어로 표기한 발음을 천천히 따라가며, 여행을 떠난 것처럼 '경험'해 보는 것이 무엇보다 중요해요.

여행 필수인 디디추싱(Di Di Chu Xing), 위챗(WeChat) 등 현지 필수 앱을 활용할 수 있는 문장도 포함했어요. 그리고 여행자가 거쳐 가는 대표적인 장소별로 상황에 필요한 문장을 뽑아서 소개했어요. 지금 중국은 거의 100% 모바일 결제를 해야 하거나 식당에서는 메뉴판이 없고 위챗(WeChat)으로 QR 코드로 주문하는 상황에서 필요한 문장과 팁을 함께 소개했어요.

또한, 이 책은 여러분이 중국의 매력적인 관광지와 문화를 더 깊이 이해하고 즐길 수 있도록 챕터마다 대표적인 여행지의 정보도 담았습니다. 세계적으로 사랑받는 판다, 특히 한국에서도 많은 사랑을 받는 용인 푸씨, 푸바오와 관련된 여행 정보도 담겨 있습니다. 푸바오와 같은 귀여운 판다들을 만나러 가는 여정은 단순한 관광을 넘어 친구를 보러 가는 듯한 다정함을 경험하실 거예요.

이 책을 통해 중국 여행에 대한 자신감을 얻고, 새로운 문화를 즐기며 소중한 추억을 만들 수 있기를 바랍니다. 여행지에서 직접 현지인과 소통하며 느끼는 설렘은 말로 표현할 수 없을 만큼 큰 기쁨이 될 거예요. 중국에서의 새로운 경험과 모험을 기대하며, 이 책이 여러분의 중국어 공부와 중국 여행 여정에 작은 도움이 되기를 바랍니다.

편안하고 즐거운 여행 되세요!
一路顺风!

▶ 희연쌤의 유튜브 채널
'중국어 사용 설명서'에 놀러 오세요!

이 책의 구성과 활용

✈ 학습 준비 및 여행 테마 확인

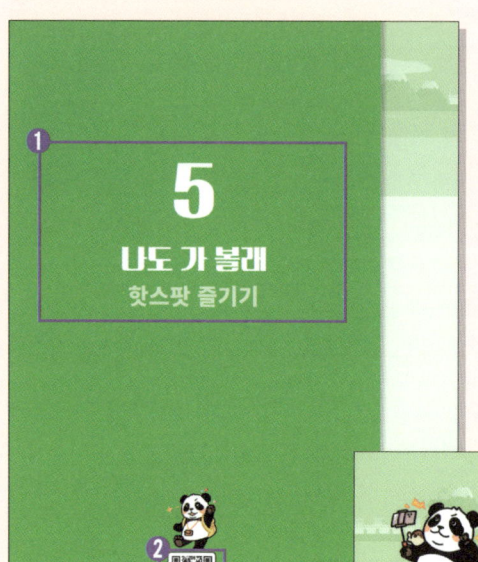

❶ 학습 테마 확인
해당 챕터에서 다루는 여행 표현의 주제와 특징을 미리 확인합니다.

❷ 네이티브 음성 QR
해당 챕터에서 다루는 모든 표현을 원어민 발음으로 들어볼 수 있도록 MP3 파일을 QR로 제공합니다. MP3 파일은 시대에듀 홈페이지에서도 다운로드 가능합니다.

MP3 다운로드 방법
1. www.sdedu.co.kr로 접속
2. 홈페이지 상단 〈학습자료실〉에서 'MP3' 항목 클릭
3. 검색창에 '나의 하루 1줄 여행 중국어 쓰기 수첩' 검색하여 MP3 다운로드

❸ 챕터별 여행 스탬프
각 챕터마다 학습 테마를 확인하고 학습 여부를 즐겁게 체크할 수 있도록 여행 스탬프 페이지를 수록하였습니다. 한 줄 한 줄 표현을 써 가며 여행 스탬프를 모두 모아 보세요.

STRUCTURES

✈ 여행 표현 학습

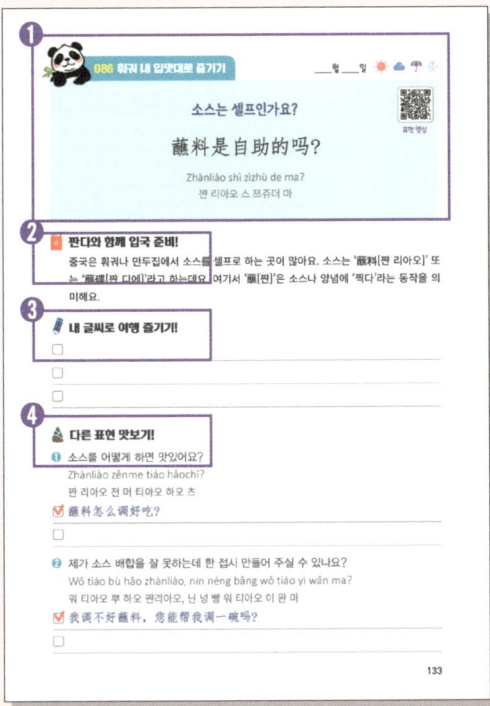

❶ 핵심 여행 표현 체크

페이지 가장 상단에서 오늘의 핵심 여행 표현을 확인할 수 있습니다.

★ 우측에 '표현 말하기 영상' QR 수록 (하단 설명 참조)

❷ 판다와 함께 입국 준비!

본격적으로 표현을 써 보기에 앞서 해당 표현에 대한 꿀팁과 배경지식 등을 수록하였습니다.

❸ 내 글씨로 여행 즐기기!

오늘의 핵심 표현을 직접 내 손글씨로 써 보는 코너입니다. 표현이 익숙해질 수 있도록 밑줄에 맞춰 3번 쓰기에 도전해 보세요.

❹ 다른 표현 맛보기!

오늘의 핵심 표현과 함께 활용해 볼 수 있는 추가 표현 2개를 학습하고 손글씨로 써 보는 코너입니다.

표현 말하기 영상

오늘의 핵심 표현을 영상을 보며 듣고 따라 하는 연습을 할 수 있도록 영상 QR을 수록하였습니다. 표현 쓰기와 병행하여 활용해 주세요.

✈ 쉬어가기

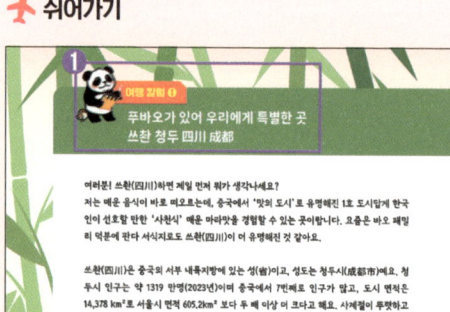

❶ 여행칼럼1 〈여행정보〉

각 챕터별 학습이 끝나고 잠깐 쉬어 갈 수 있도록 푸바오가 있는 쓰촨 청두부터 동양의 하와이라고 불리는 하이난성까지 중국의 아름다운 도시들을 소개합니다. 여행 떠나기 전 글을 읽으며 판다 패밀리와 함께 중국을 경험해 보세요.

❶ 여행 칼럼 ❶
푸바오가 있어 우리에게 특별한 곳
쓰촨 청두 四川 成都

여러분! 쓰촨(四川)하면 제일 먼저 뭐가 생각나세요?
저는 매운 음식이 바로 떠오르는데, 중국에서 '맛의 도시'로 유명해진 1호 도시답게 한국인이 선호할 만한 '사천식' 매운 마라맛을 경험할 수 있는 곳이랍니다. 요즘은 바오 패밀리 덕분에 판다 서식지로도 쓰촨(四川)이 더 유명해진 것 같아요.

쓰촨(四川)은 중국의 서부 내륙지방에 있는 성(省)이고, 성도는 청두시(成都市)예요. 청두시 인구는 약 1319 만명(2023년)이며 중국에서 7번째로 인구가 많고, 도시 면적은 14,378 km²로 서울 면적 605.2km² 보다 두 배 이상 이 크고요. 사계절이 뚜렷하고 여름은 서울의 여름과 비슷한 편이며, 겨울은 조금 더 따뜻한 날씨로 무더운 한 여름을 피한다면 모든 계절에 여행하기에 적합한 편이랍니다. 인천 출발을 기준으로 청두 톈푸국제공항(成都天府国际机场, TFU)까지 매일 직항 편 (아시아나, 에어차이나, 사천항공 등)이 있으며 소요시간은 약 4시간이라고 해요.

쓰촨성에는 '자이언트 판다 서식지'를 비롯해 러우산(乐山大佛景区), 낙산대불(乐山大佛景区), 황쩌이샹즈(黄泽扬子), 안순랑교(安顺廊桥)까지 유네스코에 등재된 문화유산만 총 5곳입니다. 문화유산과 판다들이 숨 쉬고 있는 곳 쓰촨(四川), 꼭 한번 들러 보세요.

❷ 여행칼럼2 〈중국문화〉

중국 문화를 테마로 판다 이야기에서 중국인의 마음 표현법까지 알아두면 유익한 이야기들을 실어 놓았습니다. 공부가 아닌 여유와 휴식을 즐기는 것처럼 읽으며 중국 문화를 느껴 보세요.

❷ 여행 칼럼 ❷
용인 에버랜드 명예 사원
용인푸씨 푸바오

에버랜드에서 인기를 끌었던 자이언트 판다(大熊猫, dàxióngmāo [따 시옹 마오]) 푸바오는 2020년 7월 20일에 러바오(아빠)와 아이바오(엄마) 사이에서 대한민국 최초 자연번식으로 태어났어요. 푸바오는 기록상 세계에서 가장 눈을 빨리 뜬 판다라고 합니다. 귀를 뒬럭이며 뛰는 푸바오는 탐벙을 즐기는 호기심쟁이고, 기쁘거나 화가 났거나 흥분했을 때는 링글탐글 구르는 퍼포먼스까지 보여주기도 합니다.

2024년 4월 3일 장들었던 에버랜드 판다월드를 떠나 쓰촨성 워룽중화자이언트판다원(卧龙中华大熊猫苑) 선수핑기지(神树坪基地)로 보금자리를 옮겨 70일 만에 드디어 일반에 공개되었습니다. 한국에서는 '푸공주', '푸뚠문', '푸장루', '푸질머리', '흥금', '누룽지', '푸룽지', 중국에서는 '푸부부', '재벌집 공주님'이라 불리며 양국 국민에게 많은 사랑을 받고 있습니다.

힘든 시기에 우리 곁을 찾아와 준 푸바오!
중국에서 새로운 사육사와 새로운 친구들도 많이 생겼다고 합니다. 이번 휴가는 쓰촨성의 매운 음식도 즐기고 워룽중화자이언트판다원(卧龙中华大熊猫苑) 선수핑기지(神树坪基地)를 산책하면서 푸바오를 만나러 가 보면 어떨까요?

✈ 워룽중화자이언트판다원(卧龙中华大熊猫苑) 선수핑기지(神树坪基地)

주소 | 四川省阿坝藏族羌族自治州汶川县卧龙自然保护区 耿达镇
운영시간 | 09:00~17:00(입장 마감 16:50)
입장료 | 성인 85위안, 학생 45위안, 60대 이상 노인 무료
추천시간 | 아침 09:00~11:20/오후 14:30~17:00
특이 사항 | 판다들이 물놀이 하이거나 비교적 이른 아침 시간대에 가야 활발한 모습을 볼 수 있다고 해요!

이 책의 차례

CONTENTS

INTRO 미리 준비하는 쓰기 여행　　14

CHAPTER 1
설레는 나의 첫 중국 여행
기본 표현 익히기

인사하기	28
사과하기	31
자기 소개하기	32
요청하기	34
부탁하기	36
가격 묻기	38
방법 묻기	39
여행칼럼 ❶ 쓰촨 청두	40
여행칼럼 ❷ 용인푸씨 푸바오	41

CHAPTER 2
워밍업으로 살살 몸풀기
공항과 기내에서

탑승 수속하기	44
자리 찾기	46
음료 요청하기	48
서비스 요청하기	49
입국심사 받기	50
수하물 찾기	53
세관 검사 받기	54
공항 벗어나기	55
여행칼럼 ❶ 베이징	56
여행칼럼 ❷ 문화: 중국의 차	57

CHAPTER 3
조금 복잡하지만 괜찮아
교통수단 이용하기

지하철 이용하기	60
버스 이용하기	64
기차 이용하기	66
택시 이용하기	68
장소 물어보기	73
문제 해결하기	75
여행캄럼 ① 상하이	78
여행캄럼 ② 문화: 중국 4대 요리	79

CHAPTER 4
내가 묵을 곳은 여기
숙소 200% 즐기기

체크인하기	82
원하는 객실 부탁하기	84
체크아웃 시간 문의하기	85
호텔 시설 이용하기	86
서비스 이용하기	88
객실 물품 고장 문의하기	92
요청하기	93
하루 더 연장하기	96
체크아웃하기	97
여행캄럼 ① 칭다오	100
여행캄럼 ② 문화: 새로운 명절	101

CHAPTER 5
나도 가 볼래
핫스팟 즐기기

유명한 곳 추천받기	104
입장권 구매하기	106
예약 확인하기	108
이용시간 문의하기	109
서비스 문의하기	111
인생 사진 남기기	114
시티 투어하기	117
문제 해결하기	118
여행칼럼 ❶ 하얼빈	120
여행칼럼 ❷ 문화: 중국 8대 명주	121

CHAPTER 6
맛집 인플루언서 되기
맛집 2배로 즐기기

현지인처럼 식당 이용하기	124
실속 있게 주문하기	128
훠궈 내 입맛대로 즐기기	132
만두와 딤섬 맛보기	134
길거리 음식 즐기기	135
현지 양꼬치 경험하기	136
마라탕 다양하게 즐기기	137
추가 사항 요청하기	138
계산하고 영수증 챙기기	145
여행칼럼 ❶ 항저우	146
여행칼럼 ❷ 문화: 스마트 라이프	147

CHAPTER 7 먹고 마시며 즐기기 카페&Bar 도장 깨기		CHAPTER 8 지갑이 마구 열린다 쇼핑 만끽하기	
카페에서 실속 있게 주문하기	150	쇼핑 관련 질문하기	170
슬기롭게 카페 이용하기	153	샤오미에서 물건 구매하기	173
밀크티 내 입맛대로 즐기기	156	옷 꼼꼼하게 구매하기	174
갓 짜낸 주스 요청하기	158	잡화 꼼꼼하게 구매하기	176
중국 전통차 경험하기	159	신발 꼼꼼하게 구매하기	178
디저트 곁들이기	161	전자제품 꼼꼼하게 구매하기	179
현지인처럼 바 이용하기	162	선물 포장 요청하기	180
여행칼럼 ❶ 시안	166	교환·환불 요청하기	181
여행칼럼 ❷ 문화: 이동 수단	167	할인 상품 득템하기	185
		계산하며 쇼핑 만끽하기	186
		여행칼럼 ❶ 쿤밍	188
		여행칼럼 ❷ 문화: 마음 표현법	189

 CONTENTS

CHAPTER 9
당황스럽지만 침착해
긴급상황 극복하기

부록
나만의 중국어 쓰기 여행 노트

물건을 분실했을 때	192
약을 사야할 때	194
갑자기 아플 때	196
전자기기에 문제가 생겼을 때	199
여행칼럼 ❶ 하이난다오	200
여행칼럼 ❷ 문화: 젊은 물결	201

여행 미션 체크리스트	204
여행 단어 모음집	216

부가자료
'판다 단어 카드 pdf'를
다운로드하여 함께 학습에
활용해 보세요!

PDF 다운로드 방법
1. www.sdedu.co.kr로 접속
2. 홈페이지 상단 〈학습자료실〉에서 '도서업데이트' 항목 클릭
3. 검색창에 '나의 하루 1줄 여행 중국어 쓰기 수첩' 검색하여 '판다 단어 카드 PDF' 다운로드

미리 읽어 보는 중국

중국 지도를 보고 대표 도시가 어디에 있는지 알아봅시다!

① 쓰촨 청두
② 베이징
③ 상하이
④ 칭다오
⑤ 하얼빈
⑥ 항저우
⑦ 시안
⑧ 쿤밍
⑨ 하이난다오

▶ 희연쌤의 상하이 입국 에피소드가 궁금하다면!

각 대표 도시의 특징과 매력에 대해 알아봅시다!

푸바오가 있어 우리에게 특별한 곳 〈쓰촨 청두 四川 成都〉

쓰촨(四川)은 중국의 서부 내륙지방에 있는 성(省)으로, 성도는 청두시(成都市)예요. 청두시 인구는 약 1319만 명(2023년)이며 중국에서 7번째로 인구가 많습니다. 도시 면적은 14,378km²로 서울시 면적 605.2km²보다 두 배 이상 더 크다고 해요. 사계절이 뚜렷하고 여름은 서울의 여름과 비슷한 편이며, 겨울은 조금 더 따뜻한 날씨로 무더운 한 여름을 피한다면 모든 계절에 여행하기에 적합한 편이랍니다.

 두반장, 싼다파오(콩가루, 흑설탕을 묻힌 찹쌀떡), 룽차오서우(쓰촨식 만두국)

역사와 문화가 살아있는 중국의 수도 〈베이징 北京〉

베이징은 허베이성이 둘러싸고 있어요. 위도상으로는 서울보다 조금 북쪽에 위치해 있어 여름은 조금 덜 더운데, 겨울은 조금 더 춥고 건조한 날씨가 특징이에요. 이전에는 황사나 스모그가 심했지만, 최근에는 환경 관리가 훨씬 개선되어서 많이 나아졌어요. 베이징에는 약 2,185만 명이 살고 있고, 도시 면적은 16,410km²로 한국의 충청도 면적과 비슷해요.

 베이징카오야(오리구이), 베이징궈푸(설탕 절임 과일) 등

많은 예술가 들이 사랑한 동양의 파리 〈상하이 上海〉

상하이는 장강 동쪽 하류에 위치해 중국 해안선의 중간 지점에 있어요. 그래서 해산물이 더 신선하죠! 인구는 약 2,487만 명으로 중국에서 두 번째로 인구가 많고, 도시 면적은 서울시 면적보다 약 10배 커요. 상하이 여름은 기온이 높고 습도도 높아 여행한다면 한여름은 피하는 것이 좋아요.

 오향콩, 칭즈 핸드크림, 상하이 스타벅스 리저브 한정 머그컵 등

깨끗한 물과 맥주, 중국 속의 유럽 〈칭다오 青岛〉

칭다오는 산둥반도 남부에 아름답게 위치해 있어요. 산둥성의 부 성급 시이며, 경제 중심지로 주목받고 있답니다. 인구는 약 1,037만 명으로, 중국에서 17번째로 인구가 많아요. 아무래도 살기 좋은 도시 Top10에 들어있는 도시답게 계속해서 유입되는 인구도 많다고 해요. 도시 면적은 11,228km²로, 우리나라 경기도 면적보다 조금 더 큰 편이에요.

 칭다오 윈장 맥주, 라오산 녹차, 랑야타이주(진시황이 즐겼던 전통주) 등

현실판 겨울 왕국 〈하얼빈 哈尔滨〉

하얼빈은 헤이룽장성(黑龙江)의 성도로 중국의 동북아 경제와 문화의 중심지예요. 하얼빈 시 면적은 도시 하나만으로 우리나라 면적의 절반 크기라고 해요. 겨울에는 -40℃까지 온도가 낮아지는데 체감 기온은 더 추워요.

 홍창(하얼빈 소시지), 러시아 인형, 빙탕후루 등

시인들이 사랑한 도시 〈항저우 杭州〉

항저우는 저장성(浙江省)의 성도로, 면적은 강원도와 비슷하고 사계절이 뚜렷해요. 겨울은 한국보다 따뜻해 사계절 내내 여행하기 좋아요. 인천에서 항저우 샤오산 국제공항(杭州萧山国际机场)까지 직항으로 약 2시간 걸려요. 상하이에서 기차로 1시간 거리라 같이 여행하기 좋아요.

 서호 육회, 용정차(항저우 녹차), 항저우 실크 등

천년의 중국을 느낄 수 있는 〈시안 西安〉

시안은 실크로드의 시작점으로 산시성(陝西省)의 성도예요. 면적은 우리나라의 경기도 면적과 비슷해요. 중국에서 내륙에 위치하고 있으며 중국 6대 중심 도시 중에 하나이기도 해요. 시안은 사계절이 뚜렷하고 여름은 서울보다 조금 더 덥고, 겨울은 조금 더 추운 편이에요.

 석류, 시펑지우(서안 대표 고량주), 량피(중국식 비빔면) 등

봄의 도시 〈쿤밍 昆明〉

윈난성의 성도인 쿤밍은 중국 최남단에 있고 라오스, 베트남, 미얀마와 접해 있어 중국과 동남아의 느낌이 같이 풍기는 매력적인 도시예요. 면적은 경기도 두 배와 비슷한 크기예요.

 윈난 커피, 레어메탈, 궈차오미셴(윈난풍 쌀국수 등)

동양의 하와이 〈하이난다오 海南島〉

"동양의 하와이"라는 별칭이 있는 하이난성(海南省)의 면적은 경상도 크기와 비슷해요. 기후는 연중 내내 따뜻한 날씨니까 우리나라의 겨울에 방문하려는 관광객이 많아요.

 코코넛, 진주, 하이난 치킨, 파인애플 등

미리 챙겨 보는 여행 단어

여행에 꼭 필요한 필수 표현들을 캐리어에 미리 담아 봅시다!

숫자 익히기

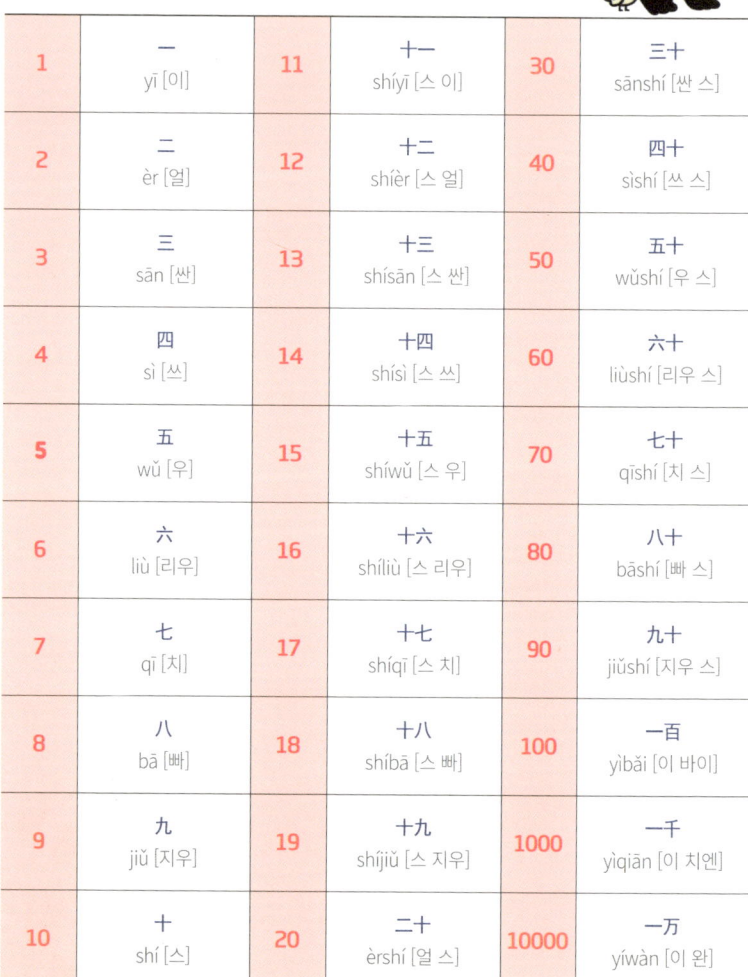

1	一 yī [이]	11	十一 shíyī [스 이]	30	三十 sānshí [싼 스]
2	二 èr [얼]	12	十二 shí'èr [스 얼]	40	四十 sìshí [쓰 스]
3	三 sān [싼]	13	十三 shísān [스 싼]	50	五十 wǔshí [우 스]
4	四 sì [쓰]	14	十四 shísì [스 쓰]	60	六十 liùshí [리우 스]
5	五 wǔ [우]	15	十五 shíwǔ [스 우]	70	七十 qīshí [치 스]
6	六 liù [리우]	16	十六 shíliù [스 리우]	80	八十 bāshí [빠 스]
7	七 qī [치]	17	十七 shíqī [스 치]	90	九十 jiǔshí [지우 스]
8	八 bā [빠]	18	十八 shíbā [스 빠]	100	一百 yìbǎi [이 바이]
9	九 jiǔ [지우]	19	十九 shíjiǔ [스 지우]	1000	一千 yìqiān [이 치엔]
10	十 shí [스]	20	二十 èrshí [얼 스]	10000	一万 yíwàn [이 완]

화폐 익히기

중국에서 화폐를 인민폐, 런민삐(人民币)라고 하고 단위는 '원', 元 [위앤] 또는 块 [콰이]라고 읽어요. 구두로는 块 [콰이]를 더 많이 사용해요. 소수점 아래 단위는 0.1은 '각', 角 [지아오]라고 읽고 0.01은 '분', 分 [펀]이라고 읽어요. 화폐 종류별로 읽는 법을 익혀두세요.

123.45위안	一百二十三元四毛五(份) yìbǎi èr shí sān yuán sì máo wǔ [이 바이 얼 스 싼 위앤 쓰 마오 우 (펀)]

동전 1위안/ 지폐 1위안	一块 yí kuài [이 콰이]	지폐 20위안	二十块 èr shí kuài [얼 스 콰이]
지폐 5위안	五块 wǔ kuài [우 콰이]	지폐 50위안	五十块 wǔ shí kuài [우 스 콰이]
지폐 10위안	十块 shí kuài [스 콰이]	지폐 100위안	一百块 yì bǎi kuài [이 바이 콰이]

미리 챙겨 보는 여행 꿀팁

🐿️ **여행을 계획할 때 필요한 정보들을 꼼꼼하게 확인해 봅시다!**

여행 준비사항

하나! 여권과 비자 신청하기

여권은 유효기간을 확인하고, 유효기간이 6개월 미만일 경우 비자 발급이 거절될 수도 있어요. 중국은 비자가 필요한 나라예요. 직접 비자센터에서 서류를 구비해 신청하거나 여행사를 통해 신청할 수 있어요. 보통 일주일에서 열흘 정도 소요되니 출국 전에 준비되었는지 꼭 확인하세요.

둘! 항공권과 호텔 예약하기

항공권은 최대한 일찍 예약하는 것이 저렴하다고 해요. 호텔은 여행 일정과 편의성을 고려하여 위치와 시설을 신중하게 선택하세요. 예약 후 예약 확정 바우처를 출력하거나 캡처해서 소지하는 것이 좋아요. 입국할 때 필요할 수도 있고 프런트에서는 체크인이 편리해져요.

셋! 현지 통화 환전하기

중국에서는 위안화, 人民币 [런민삐]가 사용되며, 공항이나 은행에서 현지 통화를 환전할 수 있어요. 다만, 중국은 현금이 거의 보이지 않을 정도로 모바일 결제가 보편적이에요. 만일에 대비해서 환율을 비교해 보고 생각보다 더 조금만 환전하셔도 될 거예요.

넷! 현지 결제 준비하기

중국에서는 현금 외에 모바일 결제가 더욱 편리해요. 현금을 거의 받지 않는다고 해도 될 정도니까요. 알리페이 支付宝 [즈푸바오]와 위챗페이 微信支付 [웨이씬즈푸]와 같은 앱을 설치하고 여행 전에 계정에 해외 결제가 되는 신용카드를 연동해 주세요. 최근 카카오 페이나 네이버 페이도 해외 결제 서비스를 신청할 수 있어요. 단, 신용카드가 아닌 계좌에 연동된 현금이 사용되니 계좌에 현금을 이체해 두면 돼요.

다섯! 전기 제품 준비하기

중국 콘센트는 오른쪽 사진과 같이 일반적으로 11자 모양을 한 2개의 핀 또는 삼각형 구조로 3개의 핀이 있어요. 호텔은 한국 전자제품을 사용할 수 있는 콘센트가 있지만, 만일에 대비해 어댑터를 따로 챙기는 것을 권해드려요.

여섯! 긴급 상황에 필요한 연락처 알아두기

중국 국가번호: +86

- 범죄 신고: **110**
- 화재, 구조, 재난신고: **119**
- 응급의료, 병원 정보 구급: **120**
- 교통사고 신고: **122**

- 주중국대사관 영사부: **+86-10-8532-0404**
- 주상하이총영사관: **+86-21-6295-5000**
- 주칭다오총영사관: **+86-532-8897-6001**
- 주광저우총영사관: **+86-20-2919-2999**

▶ 중국 여행 필수!
중국 입국 신고서 작성법 알아보기!

현지에서 유용한 추천 앱

微信 [웨이씬] 위챗 (WeChat)

중국에서 가장 인기 있는 메신저 앱으로, 채팅뿐만 아니라 송금, 결제, 관광지 예약 등 다양한 기능을 제공합니다. 현지에서의 소통에 필수적입니다.

支付宝 [즈푸바오] 알리페이 (Alipay)

만약 위챗에서 인증 문제로 신용카드 등록이 어렵다면 대안으로 알리페이를 준비해 주세요.

滴滴出行 [디디추싱] 디디추싱 (Didi Chuxing)

중국의 우버와 같은 택시 예약 및 운송 서비스 앱이에요. 영어 버전도 있고, 다양한 방식의 모빌리티 서비스를 지원하니 미리 준비해 주세요.

高德地图 / 百度地图 [까오 더 띠투/바이두 띠투] 고덕지도, 바이두맵

중국의 지도 및 길 찾기 앱으로, 고덕지도와 바이두맵은 지역별로 상세한 길 안내와 대중교통 정보를 제공하여 여행 중에 유용하게 사용돼요.

携程 [시에청] 트립닷컴 (Trip.com)

중국 여행에 트립닷컴이 단연 가장 많은 숙박과 교통 예약에 관한 편의성을 제공해요. 중국 국내 이동이 있다면 필수로 준비해 주세요.

미리 해 보는 쓰기 연습

🐹 아래 중국어 문장을 따라 써 보며 손가락 스트레칭을 해 보세요!

> 人生苦短, 学海无量。
> rén shēng kǔ duǎn, xué hǎi wú liáng
>
> - 알리바바 CEO 마윈 -

🐹 따라 써 보기!

人生苦短, 学海无量。

🐹 내 글씨로 처음부터 써 보기!

해석 인생은 짧고 배울 바다는 무한하다.

1

설레는 나의 첫 중국 여행
기본 표현 익히기

1장 전체 듣기

 **001 인사하기**

안녕하세요.

你好。

Nǐ hǎo.
니 하오

🛂 판다와 함께 입국 준비!

우리가 흔히 알고 있는 인사 표현 '你好吗[니하오마]'는 '잘 지내요?'라는 의미로, 이미 알고 지낸 사이에 사용하며 처음 만난 상대에게는 적합하지 않아요.

✏️ 내 글씨로 여행 즐기기!

☐ _____
☐ _____
☐ _____

🔺 다른 표현 맛보기!

❶ 여러분, 안녕하세요.
　Nǐmen hǎo.
　니먼 하오
☑ 你们好。
☐ _____

❷ 다음에 만나요.
　Zài jiàn.
　짜이 지엔
☑ 再见。
☐ _____

좋은 아침이에요.

早上好。

Zǎoshang hǎo.
자오상 하오

🛂 판다와 함께 입국 준비!

중국 일부 지역에서는 아침 인사로 '早安[자오 안]' 또는 한 글자로 '早[자오]'를 사용해요. 오후에는 '下午好[씨아우 하오]'라고 하기도 해요. 하지만 꼭 시간에 맞는 인사를 따로 쓸 필요는 없어요.

✏️ 내 글씨로 여행 즐기기!

☐
☐
☐

🍙 다른 표현 맛보기!

❶ 좋은 저녁이네요.
Wǎnshang hǎo.
완상 하오
☑ 晚上好。
☐

❷ 잘 자요.
Wǎn'ān.
완 안
☑ 晚安。
☐

 **003 인사하기**

감사합니다.

谢谢。

Xiè xie.
씨에 씨에

표현 영상

🛂 판다와 함께 입국 준비!
감사 인사를 듣고 나서 '不客气[부 커 치]' 또는 '不谢[부 씨에]'라고 말하면 '별말씀을요' 또는 '별거 아니에요'라는 표현이 돼요.

✏️ 내 글씨로 여행 즐기기!
☐
☐
☐

🌲 다른 표현 맛보기!
❶ 기다려 주셔서 감사합니다.
　Xièxie nǐ děng wǒ.
　씨에 씨에 니 덩 워
✅ 谢谢你等我。
☐

❷ 도와주셔서 감사합니다.
　Xièxie nǐ bāngzhù wǒ.
　씨에 씨에 니 빵 주 워
✅ 谢谢你帮助我。
☐

 **004 사과하기**

죄송해요.

对不起。

Duì bu qǐ.
뚜이 부 치

📙 판다와 함께 입국 준비!

또 다른 사과 표현인 '抱歉[빠오 치엔]'은 '죄송합니다'라는 뜻으로 '对不起[뚜이 부 치]'보다 조금 더 공손한 표현이에요. '不好意思[뿌 하오 이 스]'는 '미안해요'라는 뜻으로 '对不起[뚜이 부 치]'보다 조금 더 가벼운 표현으로 사용해요.

✏️ 내 글씨로 여행 즐기기!

☐
☐
☐

🔺 다른 표현 맛보기!

❶ 미안해요.
　Bù hǎo yìsi.
　뿌 하오 이 스
☑ 不好意思。
☐

❷ 괜찮아요.
　Méi guānxi.
　메이 꽌 시
☑ 没关系。
☐

 **005 자기 소개하기**

 ___월 ___일

표현 영상

저는 한국사람입니다.

我是韩国人。

Wǒ shì Hánguórén.
워 스 한구어런

📕 판다와 함께 입국 준비!
'A是B[A 스 B]'는 'A은/는 B이다'라는 의미인데, 이 '是[스]'는 단독으로 사용할 수 있어요. 이때 '是[스]'는 '네'라는 긍정 표현이 되고, 부정의 대답으로 '不是[부 스]'라 말하면 '아니요'라는 의미가 돼요.

✏️ 내 글씨로 여행 즐기기!
☐
☐
☐

🍙 다른 표현 맛보기!
❶ 저는 서울에서 왔어요.
Wǒ shì cóng Shǒu'ěr lái de.
워 스 총 셔우얼 라이 더
☑ 我是从首尔来的。
☐

❷ 한국 도시명

부산	인천	경기도	대구	용인	제주
釜山	仁川	京畿道	大邱	龙仁	济州
Fǔshān	Rénchuān	Jīngjīdào	Dàqiū	Lóngrén	Jìzhōu
푸 샨	런 츄안	징 지 따오	따 치우	롱 런	지 져우

 **006 자기 소개하기**

이름이 어떻게 되세요?

你叫什么名字?

Nǐ jiào shénme míngzi?
니 지아오 션머 밍즈

🗂 판다와 함께 입국 준비!

중국에서 처음 만나는 상대에게 '이름'이 아닌 '성'을 물어봐요. 그래서 '您贵姓[닌 꾸이 씽]'이라고 표현해요. 이때 답변으로 '我姓A[워 씽 A]'라고 '성'을 알려주면 돼요.

✏️ 내 글씨로 여행 즐기기!

☐ _____
☐ _____
☐ _____

🔺 다른 표현 맛보기!

❶ 제 성은 심이고, 이름은 희연입니다.
Wǒ xìng Shěn, míngzi jiào Xīyán.
워 싱 션, 밍즈 지아오 시옌
☑ 我姓沈,名字叫希妍。
☐ _____

❷ 저는 희연이라고 합니다.
Wǒ jiào Xīyán.
워 지아오 시옌
☑ 我叫希妍。
☐ _____

007 요청하기

이걸로 주세요.

我要这个。

Wǒ yào zhège.
워 야오 쩌거

🛂 판다와 함께 입국 준비!

직원은 손님에게 '무엇이 필요하세요?'라는 의미로 '您要什么[닌 야오 션머]' 또는 '您来 哪个[닌 라이 나 거]'라고 질문해요.

✏️ 내 글씨로 여행 즐기기!

☐
☐
☐

🌲 다른 표현 맛보기!

❶ 이거랑 저거 주세요.
Wǒ yào zhège hé nàge.
워 야오 쩌거 허 나거
☑ 我要这个和那个。
☐

❷ 이거 말고 저걸로 주세요.
Wǒ bú yào zhège, yào nàge.
워 부 야오 쩌거, 야오 나거
☑ 我不要这个，要那个。
☐

 **008 요청하기**

 ___월 ___일

콜라 한 개 주세요.

来一个可乐。

Lái yíge kělè.
라이 이 거 커 러

📻 판다와 함께 입국 준비!

'来[라이]'는 원래 '오다'는 의미예요. 이밖에 주문할 때 '주세요'라는 의미로 사용할 수 있어요. '来[라이]' 뒤에 주문할 음식이나 음료를 붙이면 돼요.

✏️ 내 글씨로 여행 즐기기!

☐
☐
☐

🍙 다른 표현 맛보기!

❶ 아이스 아메리카노 한 잔 주세요.
Lái yìbēi bīngměishì.
라이 이 뻬이 삥 메이스
☑ 来一杯冰美式。
☐

❷ 인기 음료

제로콜라	스프라이트	아메리카노	라떼	밀크티
无糖可乐	雪碧	美式咖啡	拿铁	奶茶
wútáng kělè	xuěbì	měishì kāfēi	nátiě	nǎichá
우탕 커러	쉬에 삐	메이스 카페이	나 티에	나이 챠

009 부탁하기

전 중국어를 할 줄 몰라요.

我不会说汉语。

Wǒ búhuì shuō Hànyǔ.
워 부후이 슈어 한위

🛂 판다와 함께 입국 준비!

'会[후이]'는 '할 줄 안다'는 의미로 조동사 역할을 해요. 앞에 '不[뿌]'를 붙여 '할 줄 모른다'는 부정의 의미로 사용할 수 있어요.

✏️ 내 글씨로 여행 즐기기!

☐
☐
☐

🍙 다른 표현 맛보기!

❶ 저 못 알아들어요.
Wǒ tīng bù dǒng.
워 팅 뿌 동
☑ 我听不懂。
☐

❷ 영어 할 줄 아세요?
Nǐ huì shuō Yīngyǔ ma?
니 후이 슈어 잉위 마
☑ 你会说英语吗?
☐

010 부탁하기

말씀 좀 물을게요.

请问。

Qǐng wèn.

칭 원

📕 판다와 함께 입국 준비!

'请[칭]'은 '청하다'는 의미가 있어요. 뒤에 동작을 붙여 쓰면 공손한 표현이 완성돼요. 예를 들어, '看[칸]'은 '보다'라는 동사고, 앞에 '请[칭]'을 붙여 말하면 '请看[칭 칸]'은 '보세요'라는 표현이 된답니다.

✏️ 내 글씨로 여행 즐기기!

☐
☐
☐

🌲 다른 표현 맛보기!

❶ 다시 한번 말씀해 주세요.
Qǐng zài shuō yíbiàn.
칭 짜이 슈어 이 비엔
☑ 请再说一遍。
☐

❷ 좀 천천히 말씀해 주시겠어요?
Qǐng shuō màn yìdiǎr, hǎo ma?
칭 슈어 만 이디얼, 하오 마
☑ 请说慢一点儿，好吗?
☐

 **011 가격 묻기**

 ___월 ___일

얼마예요?

多少钱?

Duōshao qián?
두오샤오 치엔

 표현 영상

🌐 판다와 함께 입국 준비!

가격을 묻는 또 다른 표현으로 '怎么卖[전 머 마이]'가 있는데, 우리말로는 '어떻게 팔아요'라는 의미예요. 주로 찻잎이나 곡물, 일부 과일처럼 무게를 재서 판매하는 상점에서 사용해요.

✏️ 내 글씨로 여행 즐기기!

☐
☐
☐

🎋 다른 표현 맛보기!

❶ 전부 다 얼마예요?
　Yígòng duōshao qián?
　이꽁 두오샤오 치엔
✅ 一共多少钱?
☐

❷ 좀 싸게 해 주세요.
　Piányi yìdiǎnr ba.
　피엔이 이디알 바
✅ 便宜一点儿吧。
☐

012 방법 묻기

알리페이로 지불할게요.

用支付宝支付吧。

Yòng Zhīfùbǎo zhīfù ba.
융 즈 푸 바오 즈 푸 바

표현 영상

📕 판다와 함께 입국 준비!

중국은 대부분 QR코드를 스캔해 모바일로 결제하며, 위챗 페이(微信支付 [웨이 씬 즈 푸])나 알리페이(支付宝 [즈 푸 바오])를 사용해요. 이때 'QR 코드'는 '二维码[얼 웨이 마]', 'QR코드를 스캔하다'는 '扫二维码[사오 얼 웨이 마]'라고 한답니다.

✏️ 내 글씨로 여행 즐기기!

☐ _____
☐ _____
☐ _____

🔺 다른 표현 맛보기!

❶ 현금 결제되나요?
　Kěyǐ fù xiànjīn ma?
　커이 푸 씨엔찐 마
☑ 可以付现金吗?
☐ _____

❷ 신용카드로 결제되나요?
　Kěyǐ shuā kǎ ma?
　커이 슈아 카 마
☑ 可以刷卡吗?
☐ _____

여행 칼럼 ❶

푸바오가 있어 우리에게 특별한 곳
쓰촨 청두 四川 成都

여러분! 쓰촨(四川)하면 제일 먼저 뭐가 생각나세요?
저는 매운 음식이 바로 떠오르는데, 중국에서 '맛의 도시'로 유명해진 1호 도시답게 한국인이 선호할 만한 '사천식' 매운 마라맛을 경험할 수 있는 곳이랍니다. 요즘은 바오 패밀리 덕분에 판다 서식지로도 쓰촨(四川)이 더 유명해진 것 같아요.

쓰촨(四川)은 중국의 서부 내륙지방에 있는 성(省)이고, 성도는 청두시(成都市)예요. 청두시 인구는 약 1,319만 명(2023년)이며 중국에서 7번째로 인구가 많고, 도시 면적은 14,378km² 로 서울시 면적 605.2km² 보다 두 배 이상 더 크다고 해요. 사계절이 뚜렷하고 여름은 서울의 여름과 비슷한 편이며, 겨울은 조금 더 따뜻한 날씨로 무더운 한 여름을 피한다면 모든 계절에 여행하기에 적합한 편이랍니다. 인천 출발을 기준으로 청두 톈푸 국제공항(成都天府国际机场, TFU)까지 매일 직항 편(아시아나, 에어차이나, 사천항공 등)이 있으며 소요시간은 약 4시간이라고 해요.

쓰촨성에는 '자이언트 판다 서식지'를 비롯해 무후사(成都市武侯祠博物馆), 낙산대불(乐山大佛景区), 콴자이샹즈(宽窄巷子), 안순랑교(安顺郎桥)까지 유네스코에 등재된 문화유산만 총 5곳입니다. 문화유산과 판다들이 숨 쉬고 있는 곳 쓰촨(四川), 꼭 한번 들러 보세요.

여행 칼럼 ❷

용인 에버랜드 명예 사원
용인푸씨 푸바오

에버랜드에서 인기를 끌었던 자이언트 판다(大熊猫, dàxióngmāo [따 시옹 마오]) 푸바오는 2020년 7월 20일에 러바오(아빠)와 아이바오(엄마) 사이에서 대한민국 최초 자연번식으로 태어났어요. 푸바오는 기록상 세계에서 가장 눈을 빨리 뜬 판다라고 합니다. 귀를 펄럭이며 뛰는 푸바오는 탐색을 즐기는 호기심쟁이고, 기쁘거나 화가 났거나 흥분했을 때는 뒹굴뒹굴 구르는 퍼포먼스까지 보여주기도 합니다.

2024년 4월 3일 정들었던 에버랜드 판다월드를 떠나 쓰촨성 워룽중화자이언트판다원(卧龙中华大熊猫苑) 선수핑기지(神树坪基地)로 보금자리를 옮겨 70일 만에 드디어 일반에 공개되었습니다. 한국에서는 '푸공주', '푸뚠뚠', '푸장꾸', '푸질머리', '흙곰', '누룽지', '푸룽지', 중국에서는 '푸쭈쭈', '재벌집 공주님'이라 불리며 양국 국민에게 많은 사랑을 받고 있습니다.

힘든 시기에 우리 곁을 찾아와 준 푸바오!
중국에서 새로운 사육사와 새로운 친구들도 많이 생겼다고 합니다. 이번 휴가는 쓰촨성의 매운 음식도 즐기고 워룽중화자이언트판다원(卧龙中华大熊猫苑) 선수핑기지(神树坪基地)를 산책하면서 푸바오를 만나러 가 보면 어떨까요?

✈ **워룽중화자이언트판다원(卧龙中华大熊猫苑) 선수핑기지(神树坪基地)**

주소 | 四川省 阿坝藏族羌族自治州 汶川县 卧龙自然保护区 耿达镇
운영시간 | 09:00~17:00(입장 마감 16:50)
입장료 | 성인 85위안, 학생 45위안, 60대 이상 노인 무료
추천 시간대 | 아침 09:00~11:00/오후 14:30~17:00
특이 사항 | 판다들이 활동이 적어서 비교적 이른 아침 시간대에 가야지 활발한 모습을 볼 수 있다고 해요.

2
워밍업으로 살살 몸풀기
공항과 기내에서

2장 전체 듣기

❶ 기본 표현 익히기

❷ 공항과 기내에서

❸ 교통수단 이용하기

❻ 맛집 2배로 즐기기

❺ 핫스팟 즐기기

❹ 숙소 200% 즐기기

❼ 카페&Bar 도장 깨기

❽ 쇼핑 만끽하기

❾ 긴급상황 극복하기

013 탑승 수속하기

탑승 수속하려고 합니다.

我要办登机手续。

Wǒ yào bàn dēng jī shǒuxù.
워 야오 빤 떵지 셔우쉬

📕 판다와 함께 입국 준비!

'要[야오]'는 '필요하다'라는 뜻의 동사로도 사용할 수 있는데, 조동사로는 동사 앞에서는 '~하겠다', '~해야 한다'라는 의미를 나타내요.

✏️ 내 글씨로 여행 즐기기!

☐
☐
☐

🔺 다른 표현 맛보기!

❶ 여행 짐을 보내려고 합니다.
   Wǒ yào tuōyùn xíngli.
   워 야오 투오윈 싱리
   ☑ 我要托运行李。
   ☐

❷ 보조 배터리를 꺼내야 하나요?
   Chōngdiànbǎo yào ná chūlai ma?
   충띠엔바오 야오 나 추라이 마
   ☑ 充电宝要拿出来吗?
   ☐

 **014 탑승 수속하기**

창가자리가 있나요?

有靠窗的座位吗?

Yǒu kào chuāng de zuòwèi ma?
요우 카오 츄앙 더 쭈오웨이 마

표현 영상

📕 판다와 함께 입국 준비!

문장 끝에 '吗[마]'가 있으면 의문 문장이 돼요. 이밖에 우리말 '있어요, 없어요?'처럼 '긍정'과 '부정'을 붙여 질문하는 방법도 있는데, 중국어로는 '有没有[요우 메이요우]'라고 하면 질문이 돼요.

✏️ 내 글씨로 여행 즐기기!

☐
☐
☐

🔺 다른 표현 맛보기!

❶ 복도자리는 없어요?
Yǒu méiyǒu kào guòdào de zuòwèi?
요우 메이요우 카오 꾸오따오 더 쭈오웨이
☑ 有没有靠过道的座位?
☐

❷ 비상구 자리는 추가요금이 있나요?
Jǐnjí chūkǒu zuòwèi xūyào é'wài fùfèi ma?
진지 츄커우 쭈오웨이 쉬야오 어와이 푸페이 마
☑ 紧急出口座位需要额外付费吗?
☐

 **015 자리 찾기**  ___월 ___일

여긴 제 자리입니다.

这是我的座位。

Zhè shì wǒ de zuòwèi.
쩌 스 워 더 쭈오웨이

📻 판다와 함께 입국 준비!

'这[쩌]'와 '那[나]'는 모두 지시대명사로 순서대로 '이것'과 '저것'이라는 의미예요. 구어체로는 '个[거]'를 붙여 '这个[쩌 거/쩌이 거]', '那个[나 거/나이 거]'로 발음해요.

✏️ 내 글씨로 여행 즐기기!

☐ _____
☐ _____
☐ _____

🎋 다른 표현 맛보기!

❶ 당신 자리인가요?
  Shì nǐ de zuòwèi ma?
  스 니 더 쭈오웨이 마
☑ 是你的座位吗?
☐ _____

❷ 자리를 바꿔 줄 수 있나요?
  Néng huàn yíxià zuòwèi ma?
  넝 환 이씨아 쭈오웨이 마
☑ 能换一下座位吗?
☐ _____

016 자리 찾기

실례합니다, 잠시 비켜주세요.

劳驾，让一下。

Láojià, ràng yíxià.
라오지아, 랑 이 씨아

🟧 판다와 함께 입국 준비!

'一下[이 씨아]'는 동사 뒤에 오면 '잠시~하다' 또는 '좀~해 보다'라는 의미가 돼요.

✏️ 내 글씨로 여행 즐기기!

☐
☐
☐

🔺 다른 표현 맛보기!

❶ 잠깐만요.
Děng yíxià.
덩 이 씨아
☑ 等一下。
☐

❷ 잠시만 기다려주세요.
Qǐng shāo děng.
칭 샤오 덩
☑ 请稍等。
☐

 **017 음료 요청하기**

 ___월 ___일

물 한 잔 주세요.

请给我一杯水。

Qǐng gěi wǒ yì bēi shuǐ.
칭 게이 워 이 뻬이 슈웨이

📱 판다와 함께 입국 준비!

'주다'라는 의미인 '给[게이]' 뒤에는 2개의 목적어를 연결할 수 있어요. 첫 번째 목적어에는 수여받을 '상대방'을, 두 번째 목적어에는 수여할 '물건, 대상'을 붙여 말해요.

✏️ 내 글씨로 여행 즐기기!

☐
☐
☐

🏔️ 다른 표현 맛보기!

❶ 어떤 음료가 있어요?
　Yǒu nǎ xiē yǐnliào?
　요우 나 시에 인 리아오
☑ 有哪些饮料?
☐

❷ [차/커피/오렌지주스] 한 잔 주세요.
　Gěi wǒ yì bēi [chá/kāfēi/chéngzhī].
　게이 워 이 뻬이 [챠/카페이/청즈]
☑ 给我一杯[茶/咖啡/橙汁]。
☐

018 서비스 문의하기

___월 ___일

담요 한 장 주시겠어요?

给我一条毛毯，好吗?

Gěi wǒ yì tiáo máotǎn, hǎo ma?
게이 워 이 티아오 마오탄, 하오 마

🧡 판다와 함께 입국 준비!
부탁, 요청하는 문장 끝에 '好吗[하오 마]'를 붙여 말하면 좀 더 부드러운 어조를 만들어줘요.

✏️ 내 글씨로 여행 즐기기!
☐
☐
☐

🌲 다른 표현 맛보기!
❶ 펜 좀 빌릴 수 있을까요?
　Jiè wǒ yì zhī bǐ, hǎo ma?
　지에 워 이 즈 비, 하오 마
☑ 借我一支笔，好吗?
☐

❷ 입국 신고서 한 장 주세요.
　Qǐng gěi wǒ yìzhāng rùjìngkǎ.
　칭 게이 워 이 쟝 루징카
☑ 请给我一张入境卡。
☐

저는 여행 왔어요.

我是来旅游的。

Wǒ shì lái lǚyóu de.
워 스 라이 뤼요우 더

📙 판다와 함께 입국 준비!

여행 온 목적을 이야기할 때 동작 앞에 '是[스]', 문장 끝에 '的[더]'를 붙여서 말하면 '~한 것이다'는 뜻으로 과거의 행동을 강조해 설명할 수 있어요. 참고로 '是[스]'는 생략할 수도 있답니다.

✏️ 내 글씨로 여행 즐기기!

☐
☐
☐

🔺 다른 표현 맛보기!

❶ 저는 판다 보러 왔어요.
Wǒ lái kàn xióngmāo de.
워 라이 칸 시웅마오 더
☑ 我来看熊猫的。
☐

❷ 저는 출장으로 왔습니다.
Wǒ shì chūchāi lái de.
워 스 라이 츄차이 더
☑ 我是来出差的。
☐

020 입국심사 받기

> 3일 동안 머물 거예요.
>
> 我打算待三天。
>
> Wǒ dǎsuàn dāi sāntiān.
> 워 다 쑤안 따이 싼 티엔

표현 영상

📕 판다와 함께 입국 준비!

'多长时间[두오 챵 스 지엔]'은 '얼마동안'이라는 의미의 의문사로 '多久[두오 지우]'도 같은 의미로 표현할 수 있어요.

✏️ 내 글씨로 여행 즐기기!

☐
☐
☐

🍙 다른 표현 맛보기!

❶ 얼마나 체류하세요?
  Nǐ dāi duō cháng shíjiān?
  니 따이 두오 챵 스 지엔
  ☑ 你待多长时间?
  ☐

❷ 중국에 얼마나 있어요?
  Zài Zhōngguó dāi duōjiǔ?
  짜이 쫑구어 따이 두오 지우
  ☑ 在中国待多久?
  ☐

 **021 입국심사 받기**

 ___월 ___일

저는 힐튼 호텔에 묵을 예정입니다.

我打算住希尔顿酒店。

Wǒ dǎsuàn zhù Xī'ěrdùn jiǔdiàn.
워 다쑤안 쭈 시얼뚠 지우띠엔

표현 영상

🛂 판다와 함께 입국 준비!

입국 심사 시에는 머무는 '호텔 명', '체류기간' 등 여러 정보들이 필요한데요. 이럴 때 미리 '여행 바우처'를 출력해 두거나 예약 정보 페이지를 캡쳐해 보여준다면 많은 도움이 된답니다.

✏️ 내 글씨로 여행 즐기기!

☐
☐
☐

🍙 다른 표현 맛보기!

❶ 이건 예약 바우처입니다.
　Zhè shì yùdìng quèrèn dān.
　쩌 스 위띵 취에 런 딴
☑ 这是预订确认单。
☐

❷ 호텔 예약을 아직 안 했어요.
　Wǒ hái méi dìng jiǔdiàn.
　워 하이 메이 띵 지우띠엔
☑ 我还没订酒店。
☐

 **022 수하물 찾기**

 ___월 ___일

수하물은 어디에서 찾나요?

在哪儿取行李呢?

Zài nǎr qǔ xíngli ne?
짜이 날 취 싱리 너

표현 영상

🔖 판다와 함께 입국 준비!

'哪里, 哪儿[나 리, 날]'은 '어디' 또는 '어느 곳'이라는 의미의 의문사예요. 장소나 위치를 물어볼 때 사용해요.

✏️ 내 글씨로 여행 즐기기!

☐
☐
☐

🔺 다른 표현 맛보기!

❶ 이 여행 캐리어는 제 겁니다.
  Zhè ge xínglixiāng shì wǒ de.
  쩌 거 싱리 씨앙 스 워 더
☑ 这个行李箱是我的。
☐

❷ 제 짐이 아직 나오지 않았어요.
  Wǒ de xínglixiāng hái méi chūlai.
  워 더 싱리씨앙 하이 메이 츄라이
☑ 我的行李箱还没出来。
☐

 **023 세관 검사 받기**

 ___월 ___일

신고할 물품은 없어요.

我没有要申报的物品。

Wǒ méiyǒu yào shēnbào de wùpǐn.
워 메이요우 야오 션빠오 더 우핀

표현 영상

📙 판다와 함께 입국 준비!
세관은 중국어로 '海关[하이 꾸안]'이라고 하고, 세관에 신고하는 건 '申报[션 빠오]'라고 해요.

✏️ 내 글씨로 여행 즐기기!
☐ _____
☐ _____
☐ _____

🌿 다른 표현 맛보기!
❶ 이건 선물할 거예요.
　Zhè shì yào sòng rén de.
　쩌 스 야오 쑹 런 더
☑ 这是要送人的。
☐ _____

❷ 한국 전통기념품이에요.
　Zhè shì Hánguó chuántǒng jìniànpǐn.
　쩌 스 한구어 츄안통 지 니엔 핀
☑ 这是韩国传统纪念品。
☐ _____

024 공항 벗어나기

어디에서 택시를 잡을 수 있어요?

在哪里能打车?

Zài nǎlǐ néng dǎchē?
짜이 나리 넝 다 쳐

표현 영상

📕 판다와 함께 입국 준비!

중국 공항은 도심에서 꽤 떨어져 있어요. 호텔이나 시내 중심으로 들어가는 교통편은 지하철과 택시, 리무진 버스 외에도 자기 부상열차(磁悬浮列车 [츠 시엔 푸 리에 쳐])가 있을 수 있으니 도착하는 공항 별로 미리 알아보는 것을 추천해요.

✏️ 내 글씨로 여행 즐기기!

☐
☐
☐

⛰️ 다른 표현 맛보기!

❶ 어디에서 지하철을 탈 수 있어요?
Zài nǎlǐ néng zuò dìtiě?
짜이 나리 넝 쭈오 띠티에
☑ 在哪里能坐地铁?
☐

❷ 어디에서 공항 리무진을 탈 수 있어요?
Zài nǎlǐ néng zuò jīchǎng dàbā?
짜이 나리 넝 쭈오 지 챵 따 빠
☑ 在哪里能坐机场大巴?
☐

여행 칼럼 ❶
역사와 문화가 살아있는 중국의 수도
베이징(北京)

중국의 수도, 베이징(北京)은 역사와 문화가 곳곳에 살아있는 아름다운 도시입니다. 역사적인 관광지인 자금성(故宮), 천안문(天安门), 만리장성(长城), 왕푸징(王府井)부터 최근에 개장한 화려한 유니버셜 스튜디오(环球影城)까지 방문객들에게 다양한 즐거움과 경험을 줄 수 있는 곳이에요. 베이징에 오셨다면 맛있는 베이징식 짜장면과 베이징 덕을 꼭 맛봐야 해요. 구이지에(簋街)와 왕푸징 간식거리(王府井商业街)에는 맛있는 음식점이 가득해요. 참, 이제는 왕푸징 간식거리에서 노점을 찾는 것이 아니라, 건물 안에서 맛집을 찾아야 해요.

베이징은 허베이성이 둘러싸고 있어요. 위도상으로는 서울보다 조금 북쪽에 위치해 있어 여름은 조금 덜 더운데, 겨울은 조금 더 춥고 건조한 날씨가 특징이에요. 이전에는 황사나 스모그가 심했지만, 최근에는 환경 관리가 훨씬 개선되어서 많이 나아졌어요. 베이징에는 약 2,185만 명이 살고 있고, 도시 면적은 16,410km²로 한국의 충청도 면적과 비슷해요. 인천에서 출발하면 약 1시간 45분 만에 베이징 수도 국제공항에 도착할 수 있고 매일 여러 항공사에서 직항편을 운영하고 있어요. 그럼 이제 중국의 수도 베이징을 여행 리스트에 추가해 볼까요?

여행 칼럼 ❷

예술과 철학이 스며든 중국의 차 문화

중국은 차의 본고장이라고 자랑스럽게 말할 수 있는데, 차의 역사는 무려 5천 년을 거슬러 올라가죠. 차를 마시는 것이 중국에서는 단순히 음료를 즐기는 것을 넘어서 다구의 선택, 차를 우려내는 방법, 차를 마시는 방법 등 많은 부분에 예술과 철학이 녹아있어요. 차는 오랜 역사 동안 중국인의 생활과 밀접하게 연결되어, 차를 마시는 것은 일상생활의 한 부분뿐만 아니라 예의와 감정을 표현하는 중요한 방법이기도 해요. 그래서 우리가 중국 차와 문화를 이해하고 잘 알게 된다면, 그것은 중국인의 문화와 전통을 이해하는 한 가지 방법이 될 거예요.

차에는 다양한 종류가 있는데, 제조 방법, 발효 정도, 재배 지역 등에 따라서 다양하게 나뉘져요. 대표적으로는 '녹차, 황차, 청차, 백차, 홍차, 흑차'로 대표되는 6대 다류(六大茶类)가 있어요. 지역별, 계절별로 마시는 차의 종류가 달라 현지에 가면 현지에서 나는 차로 꼭 맛보시길 권해요. 그리고 전통차를 현대식으로 해석한 다양한 차 음료 카페에 가서 인기 음료를 맛보는 것도 추천해요. 얼마 전 한국에도 오픈한 '喜茶 HEYTEA(헤이티)' 또는 'CoCo都可(코코 떠우커)', '茶百道CHABAIDAO(챠 바이 따오)'와 같은 차 음료 카페에서는 차를 다양하게 변형한 음료를 맛볼 수 있어요.

✈ 헤이티 베이징 왕푸징apm점(HEYTEA喜茶北京王府井apm店)

주소 | 北京东城区王府井大街138号王府井APM负一层B103A号
운영시간 | 10:00~22:00
가격 | 프리미엄 카페로 가격대가 있는 편, 평균 18위안(한화 약 3,500원)
　　　 시그니처 과일차는 평균 28위안(한화 약 5,000원)
추천 음료 | 치즈티를 가장 처음 만든 곳으로 유명한 헤이티만의 다양한 치즈 음료
　　　　　 (메뉴에 芝 글자가 있으면 치즈가 들어간 음료예요)
특이 사항 | 먹고 싶은 음료 이미지를 미리 찾아 놓고 현장에서 점원에게 보여 주면 빠르게 음료를 받아볼 수 있어요!

헤이티 살펴보기

3

조금 복잡하지만 괜찮아
교통수단 이용하기

3장 전체 듣기

① 기본 표현 익히기

② 공항과 기내에서

③ 교통수단 이용하기

⑥ 맛집 2배로 즐기기

⑤ 핫스팟 즐기기

④ 숙소 200% 즐기기

⑦ 카페&Bar 도장 깨기

⑧ 쇼핑 만끽하기

⑨ 긴급상황 극복하기

 **025 지하철 이용하기**

 ___월 ___일

근처에 지하철역이 있어요?

附近有地铁站吗?

Fùjìn yǒu dìtiě zhàn ma?
푸찐 요우 띠 티에 짠 마?

📙 판다와 함께 입국 준비!
'有[요우]'는 '(물건 등을) 소유하다, 가지다'라는 의미 외에 장소를 설명할 때도 사용해요. 부정은 '没有[메이요우]'라고 합니다.

✏️ 내 글씨로 여행 즐기기!
☐ _____
☐ _____
☐ _____

🏔️ 다른 표현 맛보기!

❶ 어디에서 지하철 표를 사요?
　Zài nǎr mǎi dìtiě piào?
　짜이날 마이 띠 티에 피아오?
☑ 在哪儿买地铁票?
☐ _____

❷ 티켓 자판기는 어디에 있어요?
　Zìdòng shòupiào jī zài nǎr?
　쯔 뚱 셔우 피아오 지 짜이날?
☑ 自动售票机在哪儿?
☐ _____

026 지하철 이용하기

저 자기 부상열차 타려고요.

我要坐悬浮。

Wǒ yào zuò xuán fú.
워 야오 쭈오 츠 쉬엔 푸.

🔖 판다와 함께 입국 준비!

자기 부상열차(磁悬浮列车 [츠 시엔 푸 리에 쳐])는 베이징, 상하이, 청두, 칭다오 등 도시에 있어요. 이 중에 가장 빠른 것은 상하이 푸둥 공항에서 롱양루 정거장까지 가는 열차로 시속 430킬로미터에 달한다고 해요.

✏️ 내 글씨로 여행 즐기기!

☐ _____
☐ _____
☐ _____

🍙 다른 표현 맛보기!

❶ 편도는 50위안, 왕복은 80위안입니다.
Dānchéng wǔshí yuán, wǎngfǎn bāshí yuán.
딴 쳥 우 스 위앤, 왕 판 빠 스 위앤
☑ 单程五十元，往返八十元。
☐ _____

❷ 왕복표는 7일 이내 유효합니다.
Wǎngfǎn piào yǒuxiàoqī qītiān.
왕 판 피아오 요우 씨아오 치 치 티엔
☑ 往返票有效期七天。
☐ _____

027 지하철 이용하기

'난징둥루역' 가는 걸로 1장 주세요.

要一张到南京东路站的。

Yào yìzhāng dào Nánjīng dōng lù zhàn de.
야오 이 쨩 따오 난 징 뚱 루 짠 더

🛂 판다와 함께 입국 준비!

중국은 거리 이름을 타 지역의 도시 명으로 짓는 경우가 많아요. '南京东路[난징뚱루]'는 '南京[난징]'이라는 도시에 있는 길이 아니라 사실 상하이에서 가장 화려한 거리의 이름이에요.

✏️ 내 글씨로 여행 즐기기!

☐
☐
☐

🥟 다른 표현 맛보기!

❶ 바꿔 타야 하나요?
　Yào huànchéng ma?
　야오 후안 쳥 마
☑ 要换乘吗?
☐

❷ 18호선으로 갈아 타려면 어디로 가야 해요?
　Huànchéng shí bā hào xiàn gāi zěnme zǒu?
　후안 쳥 스 빠 하오 씨엔 까이 전 머 저우
☑ 换乘十八号线该怎么走?
☐

028 지하철 이용하기

___월 ___일

1번 출구는 어디에 있어요?

一号出口在哪儿?

Yī hào chūkǒu zài nǎr?
이 하오 츄 커우 짜이 날

📙 판다와 함께 입국 준비!

'号[하오]'는 숫자 뒤에 붙어 '호' 또는 '번'이란 의미로 횟수나 번호를 나타내요. 그리고 날짜를 말할 때도 사용할 수 있어요. 예를 들면 '5월 5일'을 '五月五号[우 위에 우 하오]'라고 말해요.

✏️ 내 글씨로 여행 즐기기!

☐
☐
☐

🌲 다른 표현 맛보기!

❶ 이곳에 가려면 어느 출구로 나가요?
   Qù zhège dìfāng cóng jǐ hào chūkǒu chūqù?
   취 쩌거 띠팡 총 지하오 츄커우 츄취
   ☑ 去这个地方从几号出口出去?
   ☐

❷ 이쪽으로 가나요 아니면 저쪽으로 가나요?
   zǒu zhè biān háishi nà biān?
   저우 쩌 비엔 하이스 나 비엔
   ☑ 走这边还是那边?
   ☐

중화 판다원으로 가나요?

到中华大熊猫苑吗?

Dào Zhōnghuá dàxióngmāo yuàn ma?
따오 쭝후아 따 시옹마오 웬 마

🛂 판다와 함께 입국 준비!

'到[따오]'는 동사로는 '도착하다'라는 의미로, 전치사로는 '~까지'라는 의미로 쓰여요. 학교나 모임에서 출석을 부를 때 대답을 '到[따오]'라고 하면 '왔습니다!'라는 의미가 된답니다.

✏️ 내 글씨로 여행 즐기기!

☐ _____
☐ _____
☐ _____

🎋 다른 표현 맛보기!

❶ 앉을 자리가 있어요?
　Yǒu zuòwèi ma?
　요우 쭈오웨이 마
☑ 有座位吗?
☐ _____

❷ 차표는 어떻게 사요?
　Chēpiào zěnme mǎi?
　쳐 피아오 전 머 마이
☑ 车票怎么买?
☐ _____

버스 스케줄 좀 보여 주세요.

给我看看时刻表。

Gěi wǒ kànkan shíkè biǎo.
게이 워 칸 칸 스 크어 비아오

🐼 판다와 함께 입국 준비!

동사를 두 번 연이어 말하게 되면 '좀 해 보다', '시험삼아 ~해 보다'와 같이 가벼운 행위나 시도 등의 뉘앙스가 돼요. 예를 들어 '看[칸]'은 '보다'는 뜻으로 '看看[칸칸]'이라고 하면 '좀 보다', '한번 보다'라는 의미가 된답니다.

✏️ 내 글씨로 여행 즐기기!

☐
☐
☐

🗻 다른 표현 맛보기!

❶ 가장 이른 버스는 몇 시입니까?
   Zuì zǎo yìbān gōngjiāochē shì jǐdiǎn?
   쭈이 자오 이 빤 꿍지아오쳐 스 지 디엔
☑ 最早一班公交车是几点?
☐

❷ 다음 공항 리무진 버스는 몇 시에 출발해요?
   Xià yìbān jīchǎng dàbā jǐdiǎn chūfā?
   씨아 이 빤 지챵따바 지디엔 츄파
☑ 下一班机场大巴几点出发?
☐

031 기차 이용하기 (예약함)

 ___월 ___일

트립닷컴으로 예약했어요.

我在携程上预订的。

Wǒ zài Xiéchéng yùdìng de.
워 짜이 씨에청 샹 위띵 더

표현 영상

🪪 판다와 함께 입국 준비!

중국 대부분의 교통편은 '트립닷컴'에서 구매할 수 있어요. 좌석 선택부터 결제까지 한국어로 서비스하고 있어요. 현장에서는 신분증(여권)으로 다시 확인하니 예약한 화면 캡처와 여권을 꼭 소지해 주세요.

✏️ 내 글씨로 여행 즐기기!

☐
☐
☐

🔺 다른 표현 맛보기!

❶ 어디서 탑승해요?
　Zài nǎr chéng chē?
　짜이 날 청 쳐
☑ 在哪儿乘车?
☐

❷ 이건 청두로 가는 기차인가요?
　Zhè shì qù Chéngdū de lièchē ma?
　쪄 스 취 청 두 더 리에쳐 마
☑ 这是去成都的列车吗?
☐

032 기차 이용하기 (예약 안 함)

상하이로 가는 침대칸 1장 주세요.

我要一张去上海的卧铺票。

Wǒ yào yìzhāng qù Shànghǎi de wòpù piào.
워 야오 이 쟝 취 상하이 더 워 푸 피아오

표현 영상

🛂 판다와 함께 입국 준비!

침대로 된 기차를 중국어로는 '卧铺[워 푸]'라고 해요. 卧铺[워 푸]는 '부드러운 침대석'인 '软卧[루안 워]'와 '딱딱한 침대석'인 '硬卧[잉 워]'로 나뉘는데, '软卧[루안 워]'가 상하 2층 침대에 폭도 넓어 조금 더 고급스러워요.

✏️ 내 글씨로 여행 즐기기!

☐
☐
☐

🍙 다른 표현 맛보기!

❶ 왕복이 아니라 편도 티켓으로 주세요.
Búyào wǎngfǎn piào, yào dānchéng piào.
부야오 왕판 피아오, 야오 딴청 피아오
☑ 不要往返票，要单程票。
☐

❷ 출발이 지연되나요?
Chūfā huì wǎndiǎn ma?
츄파 후이 완디엔 마
☑ 出发会晚点吗？
☐

 **033 택시 이용하기**

 ___월 ___일

기사님, 여기로 가 주세요.

师傅，到这个地方吧。

Shīfu, dào zhège dìfang ba.
스 푸, 따오 쩌거 띠팡 바

📻 판다와 함께 입국 준비!
운전기사, 수리 기사 등 전문적인 기술을 가진 사람은 '师傅[스푸]'라고 불러요.

✏️ 내 글씨로 여행 즐기기!
☐
☐
☐

🔺 다른 표현 맛보기!

❶ 미터기 켜고 가 주세요.
Dǎ biǎo qù ba.
다 삐아오 취 바
☑ 打表去吧。
☐

❷ 통행료가 얼마에요?
Guòlù fèi shì duōshao qián?
꾸오 루 페이 스 두오 샤오 치엔
☑ 过路费是多少钱?
☐

68

여기 세워 주세요.

停这儿吧。

Tíng zhèr ba.
팅 쪄얼 바

표현 영상

📖 판다와 함께 입국 준비!
'세워 주세요'는 다른 표현으로 '靠边儿[카오 비알]'이라고도 해요.

✏️ 내 글씨로 여행 즐기기!
☐
☐
☐

🌲 다른 표현 맛보기!
❶ [좌/우] 회전이요.
Wǎng [zuǒ/yòu] guǎi.
왕 [주오/유]구아이
☑ 往[左/右]拐。
☐

❷ 직진해 주세요.
Yìzhí zǒu ba.
이 즈 저우 바
☑ 一直走吧。
☐

69

035 택시 이용하기

지금은 러시아워인가요?

现在是高峰期吗?

Xiànzài shì gāofēng qī ma?
씨엔 짜이 스 까오 펑 치 마

표현 영상

🧳 판다와 함께 입국 준비!

'高峰期[까오 펑 치]'에서 '高峰[까오 펑]'은 '정상, 꼭대기'를, '期[치]'은 '시간, 기간'을 의미해요.

✏️ 내 글씨로 여행 즐기기!

☐ _____
☐ _____
☐ _____

🔺 다른 표현 맛보기!

❶ 차가 심하게 막혀요.
　Dǔchē hěn lìhài.
　두 쳐 흔 리 하이
☑ 堵车很厉害。
☐ _____

❷ 이 길이 너무 막히는데 돌아서 가주세요.
　Zhè tiáo lù tài dǔ le, rào lù zǒu ba.
　쪄 티아오 루 타이 두 러, 라오 루 저우 바
☑ 这条路太堵了，绕路走吧。
☐ _____

 **036 택시 이용하기**

 ___월 ___일

공항 국제선으로 가 주세요.

到机场国际航班航站楼吧。

Dào jīchǎng guójì hángbān háng zhànlóu bā.
따오 지창 궈지 항빤 항짠러우 바

표현 영상

📕 판다와 함께 입국 준비!
중국은 한 도시에 공항이 여러 개 있을 수 있으니 공항 이름을 보여주거나 국제선이라면 간단하게 '国际线[궈지 씨엔]' 또는 '国际的[궈지 더]'라고 다시 알려주는 것이 좋아요.

✏️ 내 글씨로 여행 즐기기!
☐
☐
☐

🏔️ 다른 표현 맛보기!

❶ 출발층으로 가 주세요.
Dào chūfā céng ba.
따오 츄 파 청 바
☑ 到出发层吧。
☐

❷ 가장 빠른 길로 가 주세요.
Qǐng zǒu zuì kuài de lù ba.
칭 저우 쭈이 콰이 더 루 바
☑ 请走最快的路吧。
☐

037 택시 이용하기

____월 ____일

제가 결제 스캔할게요.

我扫你吧。

Wǒ sǎo nǐ ba.
워 사오 니 바

표현 영상

🌏 판다와 함께 입국 준비!
상대방 QR 코드를 스캔하겠다는 의미로 '我扫你[워 사오 니]'라고 하면 QR 단말기를 앞에 가져다줄 거예요.

✏️ 내 글씨로 여행 즐기기!
☐
☐
☐

🔺 다른 표현 맛보기!
❶ 현금 밖에 없어요.
　 Wǒ zhǐyǒu xiànjīn.
　 워 즈 요우 씨엔찐
☑ 我只有现金。
☐

❷ 잔돈은 거슬러 주지 않아도 괜찮아요.
　 Búyòng zhǎo língqián.
　 부야오 쟈오 링치엔
☑ 不用找零钱。
☐

038 장소 물어보기

실례지만, 화장실은 어디에 있어요?

请问，洗手间在哪儿?

Qǐngwèn, xǐshǒujiān zài nǎr?

칭 원, 시셔우지엔 짜이날

📙 판다와 함께 입국 준비!

'请问[칭 원]'은 '말씀 좀 묻겠습니다' 외에 '실례합니다'라는 뜻도 있어서 상대방에게 예의를 갖춰서 질문 할 때 사용할 수 있어요.

✏️ 내 글씨로 여행 즐기기!

☐
☐
☐

🍙 다른 표현 맛보기!

❶ 근처에 커피숍이 있어요?
　Fùjìn yǒu kāfēi tīng ma?
　푸 찐 요우 카 페이 팅 마
☑ 附近有咖啡厅吗?
☐

❷ 근처에 편의점 없어요?
　Fùjìn yǒu méiyǒu biànlì diàn?
　푸 찐 요우메이요우 비엔 리엔 띠엔
☑ 附近有没有便利店?
☐

 **039 장소 물어보기**

 ___월 ___일

여기는 어떻게 가나요?

这个地方怎么走?

Zhège dìfang zěnme zǒu?
쩌 거 띠 팡 전 머 저우

📙 판다와 함께 입국 준비!

문제가 생겨서 처리를 하거나 방법을 물어볼 때 '怎么办[전 머 빤]'이라고 해요. 여기서 '怎么[전 머]'가 '어떻게'라는 의문사랍니다.

✏️ 내 글씨로 여행 즐기기!

☐
☐
☐

🔺 다른 표현 맛보기!

❶ 여기서 멀어요?
　Lí zhèr yuǎn ma?
　리 쩔 웬 마
　☑ 离这儿远吗?
　☐

❷ 걸어갈 수 있나요?
　Néng zǒu zhe qù ma?
　넝 저우 져 취 마
　☑ 能走着去吗?
　☐

040 문제 해결하기

___월 ___일

기차를 놓쳤어요, 어떻게 하죠?

没赶上火车，怎么办?

Méi gǎnshàng huǒchē, zěnme bàn?
메이 간 샹 훠쳐, 전 머 빤

📕 판다와 함께 입국 준비!

'赶[간]'은 '뒤쫓다', '따라가다'는 의미의 동사로, '(열차, 버스 등의) 시간에 맞추다'라는 의미로도 사용해요. 주로 '赶[간]' 뒤에 '上[상]'을 붙여 말해요.

✏️ 내 글씨로 여행 즐기기!

☐
☐
☐

🍙 다른 표현 맛보기!

❶ 기차를 놓치면 환불이 안 돼요.
Méi gǎnshàng huǒchē shì bùnéng tuì piào de.
메이 간 샹 훠쳐 스 뿌넝 투이 피아오 더
☑ 没赶上火车是不能退票的。
☐

❷ 다음 기차가 있나요?
Hái yǒu xià yìbān huǒchē ma?
하이 요우 씨아 이 빤 훠쳐 마
☑ 还有下一班火车吗?
☐

041 문제 해결하기

___월 ___일

저 방향을 잘못 탔어요.

我坐错方向了。

Wǒ zuòcuò fāngxiàng le.
워 쭈오 추오 팡 씨앙 러

📙 판다와 함께 입국 준비!

중국어는 동사의 뒤에 결과를 붙여 표현할 수 있어요. 동작의 결과가 '틀렸다'면 '错[추오]' 를 붙여요. 예를 들어, '(버스나 차를) 잘못 탔다'라고 하면 '타다'인 '坐[쭈오]' 뒤에 '错[추오]'를 붙여서 '坐错[쭈오 추오]'라고 말해요.

✏️ 내 글씨로 여행 즐기기!

☐
☐
☐

🌲 다른 표현 맛보기!

❶ 제가 반대 방향으로 탔어요. (지하철, 버스)
　Wǒ zuòfǎn le.
　워 쭈오 판 러
　☑ 我坐反了。
　☐

❷ [버스/기차/지하철] 을/를 잘못 탔어요.
　Wǒ zuòcuò [chē/huǒchē/dìtiě] le.
　워 쭈오 추오 [쳐/훠쳐/띠티에] 러
　☑ 我坐错[车/火车/地铁]了。
　☐

042 문제 해결하기

길을 잘못 들었습니다.

我走错路了。

Wǒ zǒucuò lù le.
워 저우 추오 루 러

📕 판다와 함께 입국 준비!

'走路[저우 루]'는 '길을 걷다, 길을 가다'는 의미로 '走[저우]'는 '가다, 걷다', '路[루]'는 '길, 도로'라는 뜻이에요.

✏️ 내 글씨로 여행 즐기기!

☐
☐
☐

🔺 다른 표현 맛보기!

❶ 길을 잃은 것 같아요.
　Wǒ hǎoxiàng mílù le.
　워 하오 씨앙 미 루 러
☑ 我好像迷路了。
☐

❷ 여기가 지도상에서 어디죠?
　Zhèlǐ zài dìtú shàng shì nǎlǐ ne?
　쪄 리 짜이 띠 투 샹 스 나 리 너
☑ 这里在地图上是哪里呢?
☐

여행 칼럼 ❶

많은 예술가들이 사랑한 동양의 파리
상하이 上海

'아시아의 진주', '동양의 파리'라고 불리는 곳, 바로 상하이(上海)입니다. 근현대 역사적 상징적인 모습과 미래 첨단 도시 모습이 황푸강을 사이에 두고 공존하는 매력이 넘치는 이곳! 상하이에서 남북으로 흐르는 황푸강에 물자가 이동하는 배를 보고 있으면 왜 상하이를 경제의 중심이라고 하는지를 알 수 있고, 그리고 황푸강 서편에 자리한 정원 예원과 난징따루, 신톈띠, 티엔즈팡 거리를 걷고 있으면 많은 예술가들이 왜 상하이를 사랑하는지 알 수 있을 거예요. 상하이에서 꼭 먹어야 하는 '샤오롱빠오'와 '마라롱샤', '게빠오즈'를 먹고 밤이면 저녁 투어 버스를 타고 금빛 조명이 빛나는 '와이탄'에서 출발해서 상하이의 랜드마크 '동방명주'를 지나 세계에서 두 번째로 높은 건물인 '상하이타워'까지 대도시의 상징인 마천루를 아름다운 야경으로 감상해 보세요. 그럼 버스의 높이 때문에 마치 천하를 정복한 느낌마저 든답니다!

한국인이라면 누구나 방문하고 싶을 장소가 있어요. 바로 '대한민국 임시정부'인데요. 상하이 중심 거리인 신톈띠 근처에 있으니 꼭 가서서 방문해 보세요. 건축학도뿐 아니라 일반인도 사랑하게 된다는 '우캉멘션'은 1924년 노르망디 전함을 기념하기 위해 지은 상하이의 첫 아파트 건물이에요. 옛 느낌의 멘션 건물을 배경으로 모두가 사진을 찍는답니다.

인천 출발을 기준으로 푸동 국제공항(上海浦东国际机场)까지 매일 많은 국내외 직항편이 있어요. 소요시간은 약 1시간 50분이에요. 이렇게 가까운 동양의 파리, 이번 휴가에는 상하이로 바로 체크인해 보세요!

여행 칼럼 ❷
미식가들에게 사랑을 받고 있는 중국의 4대 요리(四大菜系)

· 중국의 4대 요리(四大菜系)

'마라탕'으로 대표되는 사천요리는 쓰촨성 지방 요리예요. 특징은 사천 고추와 향신료 그리고 화자오(산초)를 사용한 얼얼한 매운맛이 인상적이죠. 대표 요리로는 마라탕(촨촨샹), 마파두부 등이 있어요. 광동요리는 광동성, 푸젠성 일대 지역 요리로 특징은 신선한 해산물과 재료와 과일을 비롯한 식재료로 재료 본연의 맛을 살려 담백한 맛이 매력인 요리예요. 대표적으로는 딤섬, 완탕류가 이 지방 요리에 속해요. 산동요리는 베이징 요리를 뿌리로 하고 있고, 궁중요리로서 탄생한 메뉴가 많아요. 채색이 선명하고 섬세한 맛과 향이 나며 간장과 식초를 사용한 강한 맛이 특징이에요. 대표 요리는 탕추리지, 베이징 덕(카오야) 등이에요. 동파육으로 유명한 강소 요리는 식자재가 풍부하고 비옥한 평야가 있는 상하이 일대 지역 요리예요. 맛은 담백하고 달콤하며 접시에 담아내는 형태의 조화를 중시한다고 해요. 특징으로는 식자재가 부드럽게 될 때까지 조리하는 방식이 많고, 국물을 이용해 맛을 더하는 등 조리법이 정교해요. 이 대표적인 4대 요리 외에도 10대 요리까지 등장해 우열을 가리기 힘든 요리 전쟁을 방불케 하니 미식가에게는 더욱 반가운 소식이죠? 중국여행에서 그 지역의 요리는 꼭 필수 코스로 다녀오길 추천해요.

· 음식 주문하는 노하우

최근 중국의 레스토랑에서 음식을 주문할 때 메뉴판이 없고 테이블에 있는 QR코드로 인식한 모바일 메뉴판을 많이 사용해요. 위챗을 이용해서 스캔하면 종이 메뉴판과 다르게 모든 메뉴가 사진이 있어 주문하기는 더 쉬워졌어요.
만약 일반 단품이 아닌 요리식당이라면, 요리를 주문할 때 세 단계를 기억하세요. 중국인들은 보통은 '요리', '주식', '음료' 순으로 주문해요. 차가운 요리(냉채), 따뜻한 요리(열채), 탕을 골고루 인원에 맞게 주문하고 주식으로 만두나 볶음밥 또는 면요리를 추가하기도 해요. 음료나 주류도 기호에 따라 주문해서 식사와 함께 곁들이면 금상첨화겠네요!

4

내가 묵을 곳은 여기
숙소 200% 즐기기

4장 전체 듣기

❶ 기본 표현 익히기

❷ 공항과 기내에서

❸ 교통수단 이용하기

❻ 맛집 2배로 즐기기

❺ 핫스팟 즐기기

❹ 숙소 200% 즐기기

❼ 카페&Bar 도장 깨기

❽ 쇼핑 만끽하기

❾ 긴급상황 극복하기

043 체크인하기

체크인하려고 합니다.

我要办理入住手续。

Wǒ yào bànlǐ rùzhù shǒuxù.
워 야오 빤 리 루 쭈 셔우 쉬

📕 판다와 함께 입국 준비!

호텔에 '체크인하다'를 '入住[루 쭈]'라고 해요. 보통은 직원이 우리말 '체크인하세요?'라는 뜻의 질문 표현인 '入住吗[루 쭈 마]'라고 먼저 물어보기도 해요.

✏️ 내 글씨로 여행 즐기기!

☐
☐
☐

🏔️ 다른 표현 맛보기!

❶ 온라인으로 예약했어요.
　Wǒ zài wǎngshàng yùdìng le.
　워 짜이 왕 상 위띵 러
☑ 我在网上预订了。
☐

❷ 이것은 호텔 예약 바우처입니다.
　Zhè shì jiǔdiàn dìngfáng dān.
　쩌 스 지우디엔 띵 팡 딴
☑ 这是酒店订房单。
☐

 **044 체크인하기**

 ___월 ___일

보증금은 신용카드로 할게요.

押金用信用卡支付。

Yājīn yòng xìnyòngkǎ zhīfù.
야진 융 씬융카 즈푸

 표현 영상

🌐 판다와 함께 입국 준비!
중국 대부분의 호텔은 선결제한 예약이라도 일부 금액을 보증하도록 요청해요. 이때 '보증금'을 '押金[야 찐]'이라고 해요.

✏️ 내 글씨로 여행 즐기기!
☐ _____
☐ _____
☐ _____

⛰️ 다른 표현 맛보기!

❶ 여기 제 여권이에요.
Zhè shì wǒ de hùzhào.
쩌 스 워 더 후짜오
☑ 这是我的护照。
☐ _____

❷ 저는 중국 연락처는 없어요.
Wǒ méiyǒu Zhōngguó de liánxì fāngshì.
워 메이요우 쭝궈 더 리엔 씨 팡 스
☑ 我没有中国的联系方式。
☐ _____

045 원하는 객실 부탁하기

금연실로 부탁해요.

给我无烟房，好吗?

Gěi wǒ wúyān fáng, hǎo ma?
게이 워 우옌 팡, 하오 마

📻 판다와 함께 입국 준비!

금연실이라도 약간 냄새가 있다면 프론트에 냄새 정화를 요청할 수 있어요. 이 서비스를 '无烟处理[우 옌 츄 리]'라고 해요.

✏️ 내 글씨로 여행 즐기기!

☐
☐
☐

🔺 다른 표현 맛보기!

❶ 고층 룸이 있나요?
   Yǒu méiyǒu gāocéng de fángjiān?
   요우 메이요우 가오청더 팡 지엔
   ☑ 有没有高层的房间?
   ☐

❷ [리버뷰/오션뷰] 룸이 있나요?
   Yǒu [jiāngjǐngfáng/hǎijǐngfáng] ma?
   요우 [지앙 징 팡/하이 징 팡] 마
   ☑ 有[江景房/海景房]吗?
   ☐

046 체크아웃 시간 문의하기

___월 ___일

체크아웃은 몇 시에 해야 하나요?

应该几点退房?

Yīnggāi jǐ diǎn tuì fáng?
잉 가이 지디엔 투이팡

표현 영상

📕 판다와 함께 입국 준비!
'应该[잉 가이]'는 조동사로 동사 앞에 위치하여 '~해야 한다'라는 의미로 사용해요. 줄여서 '该[가이]'라고 말하기도 한답니다.

✏️ 내 글씨로 여행 즐기기!
☐
☐
☐

🔺 다른 표현 맛보기!

❶ 체크아웃을 얼마나 연장할 수 있어요?
Tuì fáng kěyǐ yánchí duōjiǔ?
투이 팡 커 이 옌 츠 두오 지우
☑ 退房可以延迟多久?
☐

❷ 체크아웃 시간을 12시까지 연기해 드리겠습니다.
Tuì fáng shíjiān gěi nín yánchí dào shí'èr diǎn.
투이 팡 스지엔 게이 닌 옌 츠 따오 스얼 디엔
☑ 退房时间给您延迟到十二点。
☐

047 호텔 시설 이용하기

우선 짐을 보관해도 될까요?

先寄存行李，可以吗?

Xiān jìcún xíngli, kěyǐ ma?
씨엔 지 춘 싱 리, 크어이 마

🧡 판다와 함께 입국 준비!
'(호텔, 보관소 등에) 짐을 맡기다'를 중국어로는 '寄存[지 춘]'이라고 해요.

✏️ 내 글씨로 여행 즐기기!

🔺 다른 표현 맛보기!

❶ 보관증을 받아주세요.
　Qǐng shōu hǎo jìcún kǎ.
　칭 셔우 하오 지 춘 카
☑ 请收好寄存卡。

❷ 레스토랑은 지금 식사가 되나요?
　Cāntīng xiànzài kěyǐ yòngcān ma?
　찬 팅 씨엔 짜이 크어 이 융 찬 마
☑ 餐厅现在可以用餐吗?

048 호텔 시설 이용하기

수영장은 몇 층에 있어요?

游泳池在几楼?

Yóuyǒngchí zài jǐ lóu?
요우 용 츠 짜이 지 러우?

🛄 판다와 함께 입국 준비!

수영장은 '游泳池[요우 용 츠]' 또는 '游泳场[요우 용 창]'이라고도 할 수 있어요.

✏️ 내 글씨로 여행 즐기기!

☐ ＿＿＿＿＿＿＿＿＿＿＿＿＿＿＿＿＿＿＿＿＿
☐ ＿＿＿＿＿＿＿＿＿＿＿＿＿＿＿＿＿＿＿＿＿
☐ ＿＿＿＿＿＿＿＿＿＿＿＿＿＿＿＿＿＿＿＿＿

🌲 다른 표현 맛보기!

❶ 수영장은 5층에 있어요.
Yóuyǒngchí zài wǔ lóu.
요우 용 츠 짜이 우 러우
☑ 游泳池在五楼。
☐ ＿＿＿＿＿＿＿＿＿＿＿＿＿＿＿＿＿＿＿

❷ 헬스장은 몇 시까지 열어요?
Jiànshēnfáng kāi dào jǐdiǎn?
지엔 션 팡 카이 따오 지 디엔
☑ 健身房开到几点?
☐ ＿＿＿＿＿＿＿＿＿＿＿＿＿＿＿＿＿＿＿

 **049 서비스 이용하기**

 ___월 ___일

생수 몇 병 더 주세요.

请再给我几瓶矿泉水。

Qǐng zài gěi wǒ jǐ píng kuàng quán shuǐ.
칭 짜이 게이 워 지 핑 쾅 취엔 슈웨이

표현 영상

🎏 판다와 함께 입국 준비!

보통 마시는 물은 '矿泉水[쾅 취엔 슈웨이]'라고 해요. 그냥 '水[슈웨이]'라고 하면 마실 수 없는 '수돗물'일 수도 있어요.

✏️ 내 글씨로 여행 즐기기!

☐
☐
☐

🏔️ 다른 표현 맛보기!

❶ 이건 무료로 제공하는 건가요?
　Zhè shì miǎnfèi tígōng de ma?
　쩌 스 미엔 페이 티 꿍 더 마
☑ 这是免费提供的吗?
☐

❷ 오프너 있어요?
　Yǒu kāipíngqì ma?
　요우 카이 핑 치 마
☑ 有开瓶器吗?
☐

050 서비스 이용하기

수건을 좀 교체해 주세요.

给我换一下毛巾。

Gěi wǒ huàn yíxià máojīn.
게이 워 환 이씨아 마오진

🛂 판다와 함께 입국 준비!

교체하거나 바꾸다는 의미 '换[환]' 뒤에 '~좀 하다'라는 뜻의 '一下[이 씨아]'를 붙이면 한 층 부드러운 어조로 교체를 요청하는 표현이 된답니다. 추가로 '一些[이 씨에]'는 '(양이) 조금'이라는 것을 의미해요.

✏️ 내 글씨로 여행 즐기기!

☐ _____
☐ _____
☐ _____

🌰 다른 표현 맛보기!

❶ 큰 타월을 좀 더 주세요.
Qǐng zài gěi wǒ yìxiē dà máojīn.
칭 짜이 게이 워 이 씨에 따 마오 진
☑ 请再给我一些大毛巾。
☐ _____

❷ 침대 시트가 좀 더러운데 바꿔 주세요.
Chuángdān yǒudiǎnr zāng, qǐng gěi wǒ huàn yíxià.
츄앙단 요우디알 짱, 칭 게이 워 환이씨아
☑ 床单有点儿脏，请给我换一下。
☐ _____

 **051 서비스 이용하기**

 ___월 ___일

지금 룸서비스가 되나요?

现在可以送餐到房间吗?

Xiànzài kěyǐ sòngcān dào fángjiān ma?
씨엔 짜이 커이 쑹찬 따오 팡지엔 마

📕 판다와 함께 입국 준비!

호텔에서 룸으로 가져오는 서비스는 '送餐服务[쑹 찬 푸 우]'라고 하고, 일반 배달 음식은 '外卖[와이 마이]'라고 해요.

✏️ 내 글씨로 여행 즐기기!

☐
☐
☐

🌲 다른 표현 맛보기!

❶ 내일 조식을 신청하려고요.
Wǒ xiǎng yùdìng míngtiān de zǎocān.
워 시앙 위띵 밍티엔더 자오찬
☑ 我想预订明天的早餐。
☐

❷ 모닝콜 서비스는 어떻게 예약해요?
Jiàoxǐng fúwù zěnme Yùdìng?
지아오 싱 푸 우 전 머 위띵
☑ 叫醒服务怎么预订?
☐

 **052 서비스 이용하기**

 ___월 ___일

표현 영상

Wi-Fi 비밀번호는 뭐예요?

无线网密码是多少?

Wúxiàn wǎng mìmǎ shì duōshǎo?
우 씨엔 왕 미마 스 두오 샤오

🧡 판다와 함께 입국 준비!

'인터넷'은 '互联网[후 리엔 왕]', '무선 인터넷'을 '无线网络[우 씨엔 왕 루오]'라고 해요. 여기서 '网[왕]'은 '그물'이란 의미하고, '线[씨엔]'은 '선'이라는 의미예요. '(온라인에) 접속하다'는 '上网[샹 왕]', '온라인'은 '在线'[짜이 씨엔]'이라고 표현한답니다.

✏️ 내 글씨로 여행 즐기기!

☐
☐
☐

🍙 다른 표현 맛보기!

❶ 어떻게 인터넷에 접속해요?
Zěnme shàng wǎng?
전 머 샹 왕
☑ 怎么上网?
☐

❷ 아이디는 고객의 영문명이고, 비밀번호는 객실 번호입니다.
Yònghùmíng shì nǐ de yīngwén míng, mìmǎ shì fángjiān hào.
융후밍 스 니 더 잉원 밍, 미마 스 팡지엔 하오
☑ 用户名是你的英文名，密码是房间号。
☐

053 객실 물품 고장 문의하기

에어컨이 작동하지 않아요.

空调坏了。

Kōngtiáo huài le.
콩티아오 화이 러

판다와 함께 입국 준비!
'坏[화이]'는 '고장나다' 외에 '나쁘다' 또는 음식이 '상하다'라는 의미도 있어요.

내 글씨로 여행 즐기기!
☐
☐
☐

다른 표현 맛보기!

❶ 등이 안 켜지는데, 와서 좀 봐주세요.
　Kāi bu liǎo dēng, lái kàn yíxià ba.
　카이 뿌 리아오 떵, 라이 칸 이 씨아 바
☑ 开不了灯，来看一下吧。
☐

❷ 변기를 좀 고쳐 주실 수 있어요?
　Néng bāng wǒ xiū yíxià mǎtǒng ma?
　넝 빵 워 씨우 이쌰 마통 마
☑ 能帮我修一下马桶吗？
☐

054 요청하기

 ___월 ___일

방에 따뜻한 물이 안 나오는데, 어떻게 하죠?

房间里不出热水，怎么办？

Fángjiān lǐ bù chū rè shuǐ, zěnme bàn?
팡 지엔 리 뿌 츄 러 슈웨이, 전 머 빤

표현 영상

📙 판다와 함께 입국 준비!
'热[러]'는 '(음료나, 물건 등이) 따뜻하다'라는 의미 외에 '(날이) 덥다'로도 사용해요.

✏️ 내 글씨로 여행 즐기기!
☐
☐
☐

🍙 다른 표현 맛보기!

❶ 물이 너무 뜨거운데, 어떻게 하죠?
　Shuǐ tài tàng le, zěnme bàn?
　슈웨이 타이 탕 러, 전 머 빤
☑ 水太烫了，怎么办？
☐

❷ 방 안이 너무 [추워요/더워요], 어떻게 하죠?
　Fángjiān lǐ tài [lěng/rè]le, zěnme bàn?
　팡 지엔 리 타이 [렁/러] 러, 전 머 빤
☑ 房间里太[冷/热]了，怎么办？
☐

 **055 요청하기**

 ___월 ___일

제가 객실 카드키를 방에 두고 왔어요.

我把房卡忘在房间了。

Wǒ bǎ fángkǎ wàngzài fángjiān le.
워 바 팡 카 왕 짜이 팡 지엔 러

 표현 영상

🛂 판다와 함께 입국 준비!
'把A忘在B[바 A 왕 짜이 B]'는 'A를 B에 깜빡 두고 왔다'는 의미예요. 'A'는 잊은 물건을, 'B'에는 두고 온 장소를 넣어 말해 보세요.

✏️ 내 글씨로 여행 즐기기!
☐
☐
☐

🌲 다른 표현 맛보기!
❶ 방이 안 열려요.
Fángmén dǎ bu kāi.
팡 먼 다 뿌 카이
☑ 房门打不开。
☐

❷ 카드키 한 장 더 주세요.
Zài gěi wǒ yì zhāng fángkǎ ba.
짜이 게이 워 이 장 팡 카 바
☑ 再给我一张房卡吧。
☐

방을 바꿀 수 있나요?

可以换房间吗?

Kěyǐ huàn fángjiān ma?
커 이 환 팡 지엔 마

📻 판다와 함께 입국 준비!

가능하면 '可以[커 이]'라고 답하고, 불가능한 경우에는 '不可以[뿌 커 이]'라고 답해요. 조금 완곡한 표현으로는 '不能[뿌 넝]'도 있어요.

✏️ 내 글씨로 여행 즐기기!

☐
☐
☐

🌿 다른 표현 맛보기!

❶ 바깥의 소음이 너무 심해요.
Wàimiàn de zàoyīn tài dà le.
와이미엔 더 짜오인 타이 따 러
☑ 外面的噪音太大了。
☐

❷ 세면대 물이 막혔어요.
Xǐshù tái de shuǐ dǔ le.
시슈타이 더 슈웨이 두 러
☑ 洗漱台的水堵了。
☐

057 하루 더 연장하기

투숙을 하루 더 연장하고 싶어요.

我想续一天。

Wǒ xiǎng xù yìtiān.
워 시앙 쉬 이 티엔

표현 영상

판다와 함께 입국 준비!
'续[쉬]'는 '계속하다', '이어서 하다'라는 의미의 동사예요.

내 글씨로 여행 즐기기!

다른 표현 맛보기!

❶ 보증금을 더 내야 하나요?
Xūyào bǔ yājīn ma?
쉬 야오 부 야진 마
☑ 需要补押金吗?

❷ 전 방을 바꾸고 싶지 않아요.
Wǒ bùxiǎng huàn fángjiān.
워 뿌시앙 환 팡지엔
☑ 我不想换房间。

058 체크아웃하기

체크아웃 하려고 합니다.

我要退房。

wǒ yào tuì fáng.
워 야오 투이팡

🧧 판다와 함께 입국 준비!
체크아웃은 '退房[투이 팡]'이라고 해요.

📝 내 글씨로 여행 즐기기!
☐
☐
☐

🍙 다른 표현 맛보기!

❶ 보증금 결제가 취소되었는지 확인해 주세요.
Qǐng quèrèn yíxià yājīn qǔxiāo le méiyǒu.
칭 취에런 이씨아 야진 취씨아오 러 메이요우
☑ 请确认一下押金取消了没有。
☐

❷ 7일 이내에 환불될 것으로 예상합니다.
Gūjì zài qītiān nèi néng dào zhàng.
구 지 짜이 치 티엔 네이 넝 따오 쨩
☑ 估计在七天内能到账。
☐

059 체크아웃하기

___월 ___일

이건 무슨 비용이에요?

这是什么费用呢?

Zhè shì shénme fèiyòng ne?
쩌 스 선 머 페이 융 너

표현 영상

📙 판다와 함께 입국 준비!

비용은 '费用[페이 융]' 또는 '费[페이]'라고도 할 수 있어요. 이 발음이 마치 영어 Pay(지불하다)와 비슷해서 외우기 쉬울 거예요.

✏️ 내 글씨로 여행 즐기기!

☐ _____
☐ _____
☐ _____

🔺 다른 표현 맛보기!

❶ 이것은 제가 소비한 게 아니예요.
  Zhè búshì wǒ xiāofèi de.
  쩌 부 스 워 씨아오 페이 더
  ☑ 这不是我消费的。
  ☐ _____

❷ 명세서 좀 보여주세요.
  Gěi wǒ kànkan zhàngdān ba.
  게이 워 칸칸 쨩 딴 바
  ☑ 给我看看账单吧。
  ☐ _____

060 체크아웃하기

___월 ___일

짐을 좀 맡길 수 있나요?

可以寄存一下行李吗?

Kěyǐ jìcún yíxià xínglǐ ma?
커이 지춘 이씨아 싱리 마

표현 영상

📙 판다와 함께 입국 준비!
자기가 맡긴 물건이나 세탁소에 맡겼던 옷 등을 찾아 가는 것을 '取[취]'라고 해요.

📝 내 글씨로 여행 즐기기!
☐
☐
☐

🍙 다른 표현 맛보기!

❶ 로비로 오셔서 찾아가세요.
　Dào dàtáng lái qǔ.
　따오 따탕 라이 취
☑ 到大堂来取。
☐

❷ 택시를 좀 불러주세요.
　Qǐng bāng wǒ jiào yí liàng chūzūchē.
　칭 빵 워 지아오 이량 츄쥬쳐
☑ 请帮我叫一辆出租车。
☐

여행 칼럼 ❶
깨끗한 물과 맥주, 중국 속의 유럽
칭다오 青岛

'칭다오(青岛)'는 지역 이름을 딴 '칭다오 맥주'와 '라오산'의 깨끗한 물로 유명한 도시예요. 맥주가 유명한 이유는 청나라 말기에 독일의 영향을 많이 받아 발전하게 되었고 오늘날까지 계속 발전시켜 왔기 때문이에요. 뿐만 아니라 역사적으로 많은 서양 국가들의 지배를 받으면서 지어진 많은 건축물이 당시의 유럽 양식으로 지어져 현재는 '중국 속의 유럽'이라 불리게 되었어요.

칭다오에서 가장 먼저 가봐야 하는 곳은 바로 칭다오 맥주 뮤지엄이에요. 원액인 '원장 맥주'부터 흑맥주까지 맛볼 수 있고, 티켓에 시음권이 포함된 것으로 구매하면 맛있는 땅콩과 맥주를 그 자리에서 바로 받을 수 있어요. 그리고 독일 총독의 관저였지만 지금은 귀빈을 접대하는 곳이라 '영빈관'이라고 부르는 중세풍 건물에 방문해 보세요. 당시의 멋진 건축양식에 반하실 거예요. 마지막으로 노을이 너무 멋진 5·4 광장에서 해변가를 따라 올림픽 요트경기장까지 걸어서 구경할 수 있어요. 해변에 늘어선 이국적인 식당과 바(Bar)에는 다른 지역에서 쉽게 볼 수 없는 다양한 종류의 칭다오 맥주와 신선한 해산물 요리도 맛볼 수 있어요. 그리고 매년 7-8월에는 칭다오 국제 맥주 축제가 열리기도 하니 꼭 즐겨 보세요.

인천에서 출발하면, 칭다오 지아오동 국제공항(青岛胶东国际机场)까지 매일 직항 편을 이용할 수 있어요. 비행시간은 약 1시간이면 충분하니, 주말이라도 다녀와 볼 수 있겠죠?

여행 칼럼 ❷
고백데이가 있는 중국의 새로운 명절

중국은 다양한 명절이 있어 전통과 풍습을 볼 수 있어요. 명절은 음력으로 지내 휴일이 매년 고정되지 않아요. 명절에는 이동과 관광지에 사람이 많아 불편할 수 있고, 예약도 어려울 수 있으니 휴일이 있는 명절은 꼭 확인해 보고 떠나세요.

1월	신정 (1월 1일)	평균 3일간	1~2월	음력설 (음력 1월 1일)	평균 7일간
4월	청명절 (4월 4일 또는 5일)	평균 3일간	5월	노동절 (5월 1일)	평균 3일간
6월	단오절 (음력 5월 5일)	평균 3일간	9월	중추절(추석) (음력 8월 15일)	평균 3일간
10월	국경절 (10월 1일)	평균 7일간			

전통 명절 외에도 새로운 명절이 생겼어요. 외국의 영향과 커머스 발달로 탄생한 명절로, 휴일은 아니지만 거리, 레스토랑, 쇼핑몰에서 다양한 이벤트를 볼 수 있어요.

3월 8일	여성의 날	세계여성의 날을 3.8 부녀절로 부르고 회사에서는 휴일을 보장해 주기도 하고 주변 여성에게 선물을 주기도 해요.
5월 20일	고백데이	온라인 커뮤니티에서 유래된 것인데, 숫자 520의 중국어 발음이 '사랑해 [워아이니]'와 비슷해 연인들이 고백하는 날로 되었다고 해요.
6월 1일	어린이 날	국제 어린이날과 동일하게 이날은 중국 내에서도 어린이에게 특별한 선물이나 이벤트를 열기도 합니다.
11월 11일	광군절/ 더블11	11월 11일의 숫자가 모두 '1'인 것에서 독신을 위한 명절이란 뜻으로 '내가 나에게 선물을 주문하는 날'로 알리바바에서 처음 시작하였고, 지금은 미국의 블랙프라이데이처럼 최대 쇼핑 페스티벌로 성장하게 되었어요.
12월 25일	성탄절	중국은 성탄절이 공휴일은 아니지만, 다양한 관광지나 쇼핑몰에서 크리스마스 장식과 행사를 열어요. '크리스마스이브'를 '핑안예'라고 부르는데 중국어 발음이 '사과'를 연상해 이날 빨간 사과를 선물하기도 해요.

5

나도 가 볼래
핫스팟 즐기기

5장 전체 듣기

❶ 기본 표현 익히기

❷ 공항과 기내에서

❸ 교통수단 이용하기

❹ 숙소 200% 즐기기

❺ 핫스팟 즐기기

❻ 맛집 2배로 즐기기

❼ 카페&Bar 도장 깨기

❽ 쇼핑 만끽하기

❾ 긴급상황 극복하기

061 유명한 곳 추천받기

___월 ___일

갈만한 곳을 제게 추천해 주시겠어요?

能给我推荐值得去的地方吗？

Néng gěi wǒ tuījiàn zhídé qù de dìfang ma?
넝 게이 워 투이지엔 즈더 취 더 디팡 마

표현 영상

🪧 판다와 함께 입국 준비!

'推荐[투이 지엔]'은 '추천하다'는 동사로 '给我推荐一下[게이 워 투이 지엔 이씨아]'라고 하면 '저에게 추천 좀 해주세요'라는 표현이 돼요.

✏️ 내 글씨로 여행 즐기기!

☐
☐
☐

🍙 다른 표현 맛보기!

❶ 근처에 온라인에서 유명한 곳으로 추천해 주세요.
Gěi wǒ tuījiàn fùjìn de wǎnghóng diàn ba.
게이 워 투이지엔 푸찐 더 왕훙띠엔 바
☑ 给我推荐附近的网红店吧。
☐

❷ 돌아다니며 구경하기 좋은 곳을 추천해 주세요.
Gěi wǒ tuījiàn shìhé guàngjiē de dìfang ba.
게이 워 투이지엔 스허 꽝지에 더 띠팡 바
☑ 给我推荐适合逛街的地方吧。
☐

 **062 유명한 곳 추천받기**  ___월 ___일

저는 야시장에 가고 싶어요.

我想去夜市。

Wǒ xiǎng qù yèshì.
워 시앙 취 예 스

📙 판다와 함께 입국 준비!

늦은 밤에 여는 야시장을 '夜市[예 스]'라 하고, 이른 아침에 여는 새벽 시장은 '早市[자오 스]'라고 해요.

✏️ 내 글씨로 여행 즐기기!

☐ _____
☐ _____
☐ _____

🌱 다른 표현 맛보기!

❶ 근처에 야시장이 있어요?
　Fùjìn yǒu yèshì ma?
　푸 찐 요우 예 스 마
☑ 附近有夜市吗?
☐ _____

❷ 어느 야시장이 더 시끌벅적해요?
　Nǎge yèshì gèng rènào?
　나 거 예 스 껑 러나오
☑ 哪个夜市更热闹?
☐ _____

063 입장권 구매하기

 ___월 ___일

입장권 한 장 주세요.

我要一张门票。

Wǒ yào yìzhāng ménpiào.
워 야오 이 쟝 먼피아오

📕 판다와 함께 입국 준비!

관광지의 입장권은 연령별로 금액이 달라요. 이때 성인은 '大人[따 런]', 노인은 '老人[라오 런]', 아동은 '儿童[얼 퉁]' 또는 '小人[시아오 런]'으로 표기해요. 외국인이라도 65세 이상 관람객은 무료인 경우도 있으니 문의해 보세요.

✏️ 내 글씨로 여행 즐기기!

☐
☐
☐

🔺 다른 표현 맛보기!

❶ 성인 2장, 아동 3장이요.
Liǎng zhāng dàrén de, sān zhāng értóng de.
리앙 쟝 따 런 더, 싼 쟝 얼 퉁 더
☑ 两张大人的，三张儿童的。
☐

❷ 노인은 입장권이 무료인가요?
Lǎoniánrén miǎn ménpiào ma?
라오니엔 런 미엔 먼피아오 마
☑ 老年人免门票吗?
☐

064 입장권 구매하기

___월 ___일

현장에서 표를 살 수 있어요?

现场能买票吗?

Xiànchǎng néng mǎi piào ma?
씨엔 챵 넝 마이 피아오 마

표현 영상

판다와 함께 입국 준비!
관광지 대부분은 위챗으로 예약을 하고 가야 하는데, 간혹 최소한 하루 전에 예약을 해야 관람이 가능한 곳이 있어요. '하루 전'은 '提前一天[티 치엔 이 티엔]'이라고 해요. 청두의 판다기지도 하루 전 예약을 필수로 요청하고 있어요.

내 글씨로 여행 즐기기!
☐
☐
☐

다른 표현 맛보기!

① 하루 전에 예약을 해야 해요.
Yào tíqián yìtiān yùdìng.
야오 티 치엔 이 티엔 위 띵
☑ 要提前一天预订。
☐

② 온라인으로 예약할 수 있어요.
Nǐ kěyǐ xiànshàng yùdìng.
니 커이 씨엔샹 위띵
☑ 你可以线上预订。
☐

 **065 예약 확인하기**

 ___월 ___일

QR 코드를 스캔하세요.

请扫二维码。

Qǐng sǎo èrwéimǎ.
칭 싸오 얼 웨이 마

🛂 판다와 함께 입국 준비!

QR 코드나 바코드를 '스캔하다'는 동작은 '扫[싸오]'라고 하고, 얼굴을 기계에 '인식하다'는 동작은 '刷[슈아]'라고 해요.

✏️ 내 글씨로 여행 즐기기!

☐
☐
☐

🌲 다른 표현 맛보기!

❶ 신분증을 제시해 주세요.
   Qǐng chūshì nǐ de shēnfènzhèng.
   칭 츄스 니 더 션 펀 쩡
   ☑ 请出示你的身份证。
   ☐

❷ 입장할 때 얼굴을 인식합니다.
   Jìnchǎng děi shuā liǎn.
   찐 창 데이 슈아 리엔
   ☑ 进场得刷脸。
   ☐

 **066 이용시간 문의하기**

 ___월 ___일

이 시장은 몇 시에 시작해요?

这个市场几点开始?

Zhège shìchǎng jǐdiǎn kāishǐ?
쩌어 스 챵 지 디엔 카이 스

📕 판다와 함께 입국 준비!

'시작하다'는 '开始[카이 스]', '끝나다'는 '结束[지에 슈]'라고 해요. 두 동작 앞에 '몇 시'라는 '几点[지 디엔]'을 붙여 말하면 시작과 종료 시간을 물어볼 수 있어요.

✏️ 내 글씨로 여행 즐기기!

☐
☐
☐

🔺 다른 표현 맛보기!

❶ 몇 시까지 열어요?
Kāidào jǐdiǎn?
카이 따오 지 디엔
☑ 开到几点?
☐

❷ 매일 저녁 9시 반에 시작해요.
Měi wǎn jiǔdiǎn bàn kāishǐ.
메이 완 지우 디엔 빤 카이 스
☑ 每晚九点半开始。
☐

067 이용시간 문의하기

영업시간은 몇 시부터 몇 시까지인가요?

营业时间是从几点到几点?

Yíngyè shíjiān shì cóng jǐ diǎn dào jǐ diǎn?
잉예 스지엔 스 총 지디엔 따오 지디엔

📙 판다와 함께 입국 준비!

'从[총]'은 전치사로 '~에서', '~에서부터'라는 의미로 쓰이고, 장소나 시간의 시작점을 나타낼 수 있어요.

✏️ 내 글씨로 여행 즐기기!

☐ _____
☐ _____
☐ _____

🌲 다른 표현 맛보기!

❶ 오전표로 몇 시까지 볼 수 있어요?
　Shàngwǔ piào kěyǐ kàn dào jǐ diǎn?
　샹우 피아오 커이 칸 따오 지디엔
☑ 上午票可以看到几点?
☐ _____

❷ 오후 입장권은 몇 시에 입장하나요?
　Xiàwǔ piào cóng jǐ diǎn kāishǐ rùchǎng?
　씨아우 피아오 충지디엔 카이스 루챵
☑ 下午票从几点开始入场?
☐ _____

068 서비스 문의하기

지도 한 장 주세요.

给我一张地图吧。

Gěi wǒ yì zhāng dìtú ba.
게이 워 이 쨩 띠투 바

표현 영상

📙 판다와 함께 입국 준비!

'地图[띠 투]'는 일반 '지도'를 의미하고, '路线图[루 씨엔 투]'는 버스의 노선도나 관광지의 출입구, 관람로 등을 그려 놓은 '로드 맵'을 말해요.

✏️ 내 글씨로 여행 즐기기!

☐ _____
☐ _____
☐ _____

🔺 다른 표현 맛보기!

❶ 여기 가려면 어떻게 가죠?
　Dào zhèr gāi zěnme zǒu?
　따오 쩔 까이 전 머 저우
☑ 到这儿该怎么走?
☐ _____

❷ 다운로드되나요?
　Néng xiàzài ma?
　넝 씨아짜이 마
☑ 能下载吗?
☐ _____

069 서비스 문의하기

가이드 해설이 있나요?

有导游解说吗?

Yǒu dǎoyóu jiěshuō ma?
요우 다오 요우 지에슈어 마

표현 영상

📕 판다와 함께 입국 준비!

관광지에서 여행을 인솔해 주는 '가이드'는 보통 '导游[다오 요우]'라고 하고, 전시나 관람 시 설명해주는 '도슨트'는 '讲解员[지앙 지에 웬]'이라고 해요.

✏️ 내 글씨로 여행 즐기기!

☐
☐
☐

🔺 다른 표현 맛보기!

❶ 단체 투어도 있어요?
　Yǒu méiyǒu gēn tuán yóu?
　요우 메이 요우 껀투안요우
　☑ 有没有跟团游?
　☐

❷ 패키지는 어떻게 신청해요?
　Gēntuán zěnme bàomíng?
　껀 투안 전 머 빠오 밍
　☑ 跟团怎么报名?
　☐

070 서비스 문의하기

가방을 보관하는 보관함이 있습니까?

有存包的寄存柜吗?

Yǒu cún bāo de jìcúnguì ma?
요우 춘빠오 더 치춘꾸이 마

📙 판다와 함께 입국 준비!

'存包[춘 빠오]'에서 '包[빠오]'는 '가방'이라는 뜻이고, '存[춘]'은 동사로 '저장하다', '보관하다'라는 뜻이에요.

📝 내 글씨로 여행 즐기기!

☐
☐
☐

🎋 다른 표현 맛보기!

❶ 사물함은 무료인가요?
   Jìcúnguì shì miǎnfèi de ma?
   지춘꾸이 스 미엔 페이 더 마
☑ 寄存柜是免费的吗?
☐

❷ 이 안에 음료 파는 곳이 있어요?
   Lǐmiàn yǒu mài yǐnliào de ma?
   리 미엔 요우 마이 인랴오 더 마
☑ 里面有卖饮料的吗?
☐

071 인생 사진 남기기

여기서 사진을 찍어도 되나요?

在这里可以拍照吗?

Zài zhèlǐ kěyǐ pāizhào ma?
짜이 쩌리 커이 파이쟈오 마

표현 영상

📙 판다와 함께 입국 준비!

영상이나 사진을 '찍다'는 동사는 '拍[파이]'라고 해요. 관광지 대부분은 자유롭게 사진을 찍을 수 있지만, 절이나 박물관 등에서는 사진을 못 찍는 경우도 있으니 문의해 보고 인생 사진을 남겨 보세요.

✏️ 내 글씨로 여행 즐기기!

☐
☐
☐

🌲 다른 표현 맛보기!

❶ 사진 좀 찍어주시겠어요?
Néng bāng wǒ pāi yì zhāng zhàopiàn ma?
넝 빵 워 파이 이쨩 쨔오피엔 마
☑ 能帮我拍一张照片吗?
☐

❷ [가로/세로]로 찍어주세요.
Qǐng nín [héng zhe/shù zhe] pāi ba.
칭 닌 [흥져/슈져] 파이 바
☑ 请您[横着/竖着]拍吧。
☐

072 여행 피로 풀기

발 마사지 메뉴 보여주세요.

给我看看足疗价目表。

Gěi wǒ kànkan zúliáo jià mù biǎo.
게이 워 칸칸 주랴오 지아무 삐아오

표현 영상

🐼 판다와 함께 입국 준비!

발 안마는 '足疗[주 랴오]'라고도 하고 '按脚[안 지아오]'라고 하기도 해요. 구어체로는 '按脚[안 지아오]'도 많이 사용해요.

✏️ 내 글씨로 여행 즐기기!

☐ _____
☐ _____
☐ _____

🎒 다른 표현 맛보기!

❶ [남성/여성] 치료사를 선택할 수 있나요?
　Kěyǐ xuǎnzé [nán/nǚ] lǐliáoshī ma?
　커이 쉬엔저 [난/뉘] 리랴오스 마
☑ 可以选择[男/女]理疗师吗?
☐ _____

❷ 좀 더 [세게/살살] 해 주세요.
　[Zhòng diǎr/qīng diǎr] ba.
　[쭝디알/칭디알] 바
☑ [重点儿/轻点儿]吧。
☐ _____

 **073 여행 피로 풀기**

 ___월 ___일

스파 예약을 하고 싶어요.

我想预约水疗。

Wǒ xiǎng yùyuē shuǐliáo.
워 시앙 위위에 슈이리야오

표현 영상

📻 판다와 함께 입국 준비!

'想[시앙]'은 동사로 '생각하다', '그리워하다'라는 의미가 있지만, 동사 앞에서는 조동사로 '~하고 싶다'라는 의미로 사용해요. 예를 들어 '예약하고 싶어요'는 '想预约[시앙 위 위에]' 라고 말한답니다.

✏️ 내 글씨로 여행 즐기기!

☐
☐
☐

🍙 다른 표현 맛보기!

❶ 대략 얼마나 걸려요?
Dàyuē xūyào duōcháng shíjiān?
따 위에 쉬 야오 두오 창 스 지엔
☑ 大约需要多长时间?
☐

❷ 내일 저녁 8시로 예약할게요.
Yùdìng míng wǎn bā diǎn de.
위 띵 밍 완 빠디엔 더
☑ 预订明晚八点的。
☐

074 시티 투어 하기

시티투어 버스 예약하려고요.

我要预约城市观光巴士。

Wǒ yào yùyuē chéngshì guānguāng bāshì.
워 야오 위위에 청스 꾸안광 빠스

🛂 판다와 함께 입국 준비!
중국에서 버스를 '公共汽车[꽁꽁치쳐]'라고 하는데, 영어 발음을 음역해 '巴士[빠 스]'라고도 해요. 또한 택시를 '出租车[츄주쳐]'라고 하는데, 역시 영어 발음을 음역해 '的士[디스]'라고 말하기도 한답니다.

📝 내 글씨로 여행 즐기기!
☐
☐
☐

🌱 다른 표현 맛보기!

❶ 이 관광버스는 얼마나 자주 있어요?
　Zhè liàng lǚyóu bāshì duōjiǔ lái yí tàng?
　져 량 뤼요우 빠스 두오지우 라이 이 탕
☑ 这辆旅游巴士多久来一趟？
☐

❷ 예약해야 하나요 아니면 바로 가서 표를 사면 되나요?
　Xūyào yùdìng háishì zhíjiē qù mǎi piào jiù kěyǐ?
　쉬야오 위띵 하이스 즈지에 취 마이 피아오 지우 커이
☑ 需要预订还是直接去买票就可以？
☐

075 문제 해결하기

 ___월 ___일

정보를 잘못 기입했는데, 어떻게 하죠?

信息填错了，怎么办？

Xìnxī tián cuò le, zěnme bàn?
씬 시 티엔 추오 러, 전 머 빤

표현 영상

📙 판다와 함께 입국 준비!

양식에 '기입하다' 또는 '작성하다'를 '填写[티엔 시에]'라고 하는데, 줄여서 '填[티엔]'이라고도 할 수 있어요.

📝 내 글씨로 여행 즐기기!

☐
☐
☐

🔺 다른 표현 맛보기!

❶ 여기서 수정할 수 있어요?
Zhèlǐ kěyǐ xiūgǎi ma?
쩌리 커이 시우가이 마
☑ 这里可以修改吗？
☐

❷ 어디서 처리해야 해요?
Gāi nǎr néng chǔlǐ ne?
까이 취 날 넝 츄리 너
☑ 该去哪儿能处理呢？
☐

표가 다 팔렸어요?

票都卖完了吗?

Piào dōu mài wán le ma?
피아오 떠우 마이 완 러 마

📙 판다와 함께 입국 준비!
판매하는 상품이 '다 팔리다', '매진되다'는 '卖完[마이 완]' 또는 구어체 표현으로 '卖光[마이 꽝]'이라고 할 수 있어요.

✏️ 내 글씨로 여행 즐기기!

☐ _____
☐ _____
☐ _____

🌲 다른 표현 맛보기!

❶ 내일 표를 살 수 있어요?
　Néng mǎi míngtiān de piào ma?
　넝 마이 밍티엔 더 피아오 마
☑ 能买明天的票吗?
☐ _____

❷ 실물 여권이 필요한가요?
　Xūyào hùzhào yuánjiàn ma?
　쉬야오 후짜오 웬지엔 마
☑ 需要护照原件吗?
☐ _____

여행 칼럼 ❶
현실판 겨울 왕국
하얼빈 哈尔滨

현실판 겨울 왕국 '하얼빈(哈尔滨)'을 들어보신 적 있으실 거예요. 우리나라 영화 제목이기도 하고 또한 역사적으로도 우리나라의 독립 스토리가 곳곳에 숨은 곳이기도 해요. 하얼빈은 독특한 역사와 문화, 그리고 아름다운 풍경으로 유명하고 겨울철 추위 때문에 '얼음 도시'라는 별명이 있어요. 겨울이면 하얼빈 국제 빙등제 축제에서는 거대한 얼음 조각과 화려한 조명이 어우러진 마법 같은 겨울 왕국을 현실에서 체험할 수 있어요. 러시아와 가까운 지리적 위치 덕분에 러시아 건축 양식과 문화를 많이 흡수해 '동방의 모스크바'라는 별명도 있답니다.

하얼빈 기차역에는 안중근 의사가 이토 히로부미를 저격한 그 위치를 플랫폼에 표시해 두었다고 해요. 그리고 소피아 성당, 중앙대가 등은 하얼빈의 대표적인 관광지로 꼭 한번 방문해 보세요. 하얼빈은 음식 문화도 풍부해서 여러분이 애정하는 '궈바오러우'나 쫄깃함이 살아 있는 '카오렁미엔(냉면구이)'은 꼭 매콤한 맛으로 드셔보세요. 이뿐만 아니라, 러시아식 빵과 고기 요리, 현지 빠오즈(왕만두) 등 다양한 맛을 즐길 수 있답니다.

인천을 기준으로 하얼빈 타이핑 국제공항(哈尔滨太平国际机场)까지 약 2시간 30분이 걸리고 매일 직항 편이 있어 편리하게 갈 수 있어요. 겨울이 매력인 하얼빈에서 현실판 겨울 왕국을 체험해 보세요.

여행 칼럼 ❷

크고 작은 경사에 늘 함께 해 온 술
중국 8대 명주

중국은 지역마다 한 두개의 특산물로 꼽는 술이 있을 정도로 종류가 다양하며, 깊은 역사만큼 그 안에 있는 이야기도 풍부해요. 보통 중국 술은 독한 술로 알려져 있는데, 각 지방 특유의 주조법으로 색, 향, 맛을 적절하게 조화하여 만들어 다양한 술을 선보이고 있어요. 중국에서 술은 중국 사람의 삶과 문화에서 중요한 위치에 있어 크고 작은 경사에 늘 함께해 왔습니다. 중국 8대 명주 이름과 지역을 알려드릴게요.

이름	생산지역	특징
茅台 마오타이	꾸이저우성	중국을 대표하는 바이주(白酒)로 중국의 '국주' 타이틀로 불리는 단 하나의 브랜드예요.
五粮液 우량예	쓰촨성	쌀, 찹쌀, 수수, 밀, 옥수수 등 다섯 가지 곡물을 사용한 백주로 청나라 때부터 이어져 왔어요.
泸州老窖 루저우라오자오	쓰촨성	1573년에 만들어져 국가 무형 문화유산에 등재된 양조법으로 만드는 바이주로 정치가 저우은라이(周恩來) 전 총리가 주최한 주류 품평회에서 4대 명주로 선정되었어요.
汾酒 펀지우	산시성	'죽엽청주'의 이름으로 알려지기 시작했고, 1,500년 이상의 역사를 가진 술로 당나라 시인 두보가 감탄하여 시를 썼다고 해요.
洋河大曲 양허따취	지앙쑤성	양조 과정에 100가지 이상의 허브를 사용하는데 당나라 황제가 극찬한 술이라고 하니 오랜 역사가 증명해 주는 명주네요.
古井贡酒 구징꿍지우	안후이성	조조의 고향인 안후이성 보저우시의 오래된 우물물로 술을 빚어 한나라 헌제에게 바친 술로 명성을 알리기 시작했어요.
西凤酒 시펑지우	산시성	봉황이 낳고, 황제가 즐겨 마신 3천 년 역사가 된 백주가 바로 이 시펑지우예요. 과일향과 함께 깨끗한 맛이 특징인 바이주예요.
董酒 동지우	꾸이저우성	국가가 기밀로 관리하는 양조법으로 빚은 동주는 발효과정에 100여 종이 넘는 약재를 첨가해 발효한다고 해요.

6

맛집 인플루언서 되기
맛집 2배로 즐기기

6장 전체 듣기

077 현지인처럼 식당 이용하기

___월 ___일

이미 예약했어요.

我已经预订了。

Wǒ yǐjīng yùdìng le.
워 이징 위 띵 러

표현 영상

🏮 판다와 함께 입국 준비!

우리말 '벌써', '이미'를 중국어로는 '已经[이 징]'이라고 해요. 문장 끝에 있는 '了[러]'는 함께 자주 사용되니 같이 알아 두시면 좋아요.

✏️ 내 글씨로 여행 즐기기!

☐
☐
☐

🎋 다른 표현 맛보기!

❶ 예약은 안 했어요.
  Wǒ méi yùdìng.
  워 메이 위 띵
  ☑ 我没预订。
  ☐

❷ 지금 자리 있어요?
  Xiànzài yǒu wèizi ma?
  씨엔 짜이 요우 웨이 즈 마
  ☑ 现在有位子吗?
  ☐

대기해야 하나요?

要排队吗?

Yào páiduì ma?
야오 파이 뚜이 마

판다와 함께 입국 준비!

'排队[파이 뚜이]'는 '줄 서다'라는 의미예요. 최근 식당 대기를 온라인으로 대신하는데 '온라인 줄 서기'는 '在线排队[짜이 씨엔 파이 뚜이]'라고 한답니다.

내 글씨로 여행 즐기기!

다른 표현 맛보기!

❶ 얼마나 기다려야 해요?
Yào děng duōcháng shíjiān?
야오 떵 두오 챵 스 지엔
☑ 要等多长时间?

❷ 온라인으로 예약하면 줄 서지 않아도 돼요.
Zàixiàn yùyuē búyòng páiduì.
짜이 씨엔 위위에 부융 파이 뚜이
☑ 在线预约不用排队。

079 현지인처럼 식당 이용하기

두 명이에요

两位。

Liǎng wèi.
량 웨이

📱 판다와 함께 입국 준비!

식당에 온 손님에게 하는 첫 질문은 거의 대부분 '몇 분이세요?', 즉 '几位?[지 웨이]'라는 질문이에요. 당황하지 말고 '한 명'이라면 '一位[이 웨이]'라고 하세요. 손가락도 함께 펼쳐 서요!

✏️ 내 글씨로 여행 즐기기!

☐
☐
☐

🎋 다른 표현 맛보기!

❶ 저 혼자예요.
　 Jiù wǒ zìjǐ.
　 지우 워 쯔 지
☑ 就我自己。
☐

❷ 여기서 식사할게요.
　 Zài zhèr yòng cān.
　 짜이 쩔 융 찬
☑ 在这儿用餐。
☐

080 현지인처럼 식당 이용하기

룸 좌석이 있나요?

有没有包间?

Yǒu méiyǒu bāojiān?
요우 메이 요우 빠오지엔

표현 영상

📕 판다와 함께 입국 준비!

식당에 구비된 룸은 거의 예약제인데요. 간혹 외국인 손님이 오거나 하면 가게 이미지를 생각해서 안내해 주는 경우도 있어요. 이때 '룸 이용료', '包间费[빠오 지엔 페이]' 또는 '최소 소비액', '最低消费[쭈이 디 씨아오 페이]'가 있는지 물어 보세요.

✏️ 내 글씨로 여행 즐기기!

☐
☐
☐

🌲 다른 표현 맛보기!

❶ 저 여기 앉아도 될까요?
Wǒ néng zuò zhèr ma?
워 넝 쭈오 쩔 마
☑ 我能坐这儿吗?
☐

❷ 저기 앉아도 되나요?
Wǒ zuò nàr, kěyǐ ma?
워 쭈오 날, 커 이 마
☑ 我坐那儿，可以吗?
☐

081 실속 있게 주문하기

메뉴판 좀 보여주세요.

给我看一下菜单吧。

Gěi wǒ kàn yíxià càidān ba.
게이 워 칸 이쌰 차이딴 바

📙 판다와 함께 입국 준비!
메뉴는 '菜单[차이딴]' 또는 '菜谱[차이푸]'라고도 해요.

✏️ 내 글씨로 여행 즐기기!
☐
☐
☐

🎋 다른 표현 맛보기!

❶ [이것/저것] 일인분 주세요.
Lái yífèn [zhè ge/nà ge].
라이 이 펀 [쩌거/나거]
☑ 来一份[这个/那个]。
☐

❷ 전 외국인이라서 그런데, 실물 메뉴판은 있나요?
Wǒ shì wàiguórén, yǒu shíwù càidān ma?
워 스 와이 구워 런, 요우 스 우 차이딴 마
☑ 我是外国人，有实物菜单吗？
☐

추천하는 요리가 있나요?

有推荐的菜吗?

Yǒu tuījiàn de cài ma?
요우 투이지엔 더 차이 마

🚩 판다와 함께 입국 준비!

'推荐 [투이 지엔]'은 '추천하다'라는 뜻으로 사용해요. 가끔 메뉴판에서 메뉴 옆에 한자로 '推荐' 또는 '荐' 표시가 있다면 매장에서 추천한다는 의미예요!

✏️ 내 글씨로 여행 즐기기!

☐
☐
☐

🍙 다른 표현 맛보기!

❶ 맛있는 걸로 추천해 주세요.
   Qǐng gěi wǒ tuījiàn hǎochī de.
   칭 게이 워 투이지엔 하오츠 더
☑ 请给我推荐好吃的。
☐

❷ 어떤 메뉴가 지금 제일 잘 나가나요?
   Nǎ dào cài xiànzài zuì huǒ?
   나 따오 차이 씨엔짜이 쭈이 후오
☑ 哪道菜现在最火?
☐

083 실속 있게 주문하기

주문해도 될까요?

可以点餐吗?

Kěyǐ diǎn cān ma?
커이 디엔 찬 마

📙 판다와 함께 입국 준비!

'음식을 주문하다'는 '点餐[디엔 찬]'이에요. 일반적으로 '주문하다'는 '下单[씨아 딴]'이라고 하는데, 온라인 쇼핑에서 '주문하다'도 이 동사로 표현할 수 있어요.

✏️ 내 글씨로 여행 즐기기!

☐ _____
☐ _____
☐ _____

🍙 다른 표현 맛보기!

❶ 메뉴는 충분하죠?
　Cài gòu le ba?
　차이 꺼우 러 바
☑ 菜够了吧?
☐ _____

❷ 저건 무슨 요리예요?
　Nàge cài jiào shénme?
　나 거 차이 지아오 선 머
☑ 那个菜叫什么?
☐ _____

084 실속 있게 주문하기

이 요리 매워요?

这个菜辣吗?

Zhège cài là ma?
쪄 거 차이 라 마

표현 영상

🔴 판다와 함께 입국 준비!

'맵다'는 '辣[라]', '달다'는 '甜[티엔]', '짜다'는 '咸[시엔]', '쓰다'는 '苦[쿠]', '싱겁다'는 '淡[딴]'이라고 해요.

✏️ 내 글씨로 여행 즐기기!

☐
☐
☐

🌲 다른 표현 맛보기!

❶ 저는 좀 매운 게 먹고 싶어요.
  Wǒ xiǎng chī là yìdiǎnr de.
  워 시앙 츠 라 이디알 더
☑ 我想吃辣一点儿的。
☐

❷ [안 매운맛/중간 매운 맛/가장 매운 맛] 으로 주세요.
  Wǒ yào [wēi là/zhōng là/tè là] de.
  워 야오 [워이 라/쭝 라/터 라] 더
☑ 我要[微辣/中辣/特辣]的。
☐

085 훠궈 내 입맛대로 즐기기

___월 ___일

버섯탕 반, 마라탕 반으로 할게요.

一半来菌汤，一半来麻辣的。

Yíbàn lái jūntāng, yíbàn lái málà de.
이 빤 라이 쥔 탕, 이 빤 라이 마라 더

표현 영상

📙 판다와 함께 입국 준비!

태극 모양으로 나눠진 훠궈 냄비를 '원앙냄비', '鸳鸯锅[웬양 구어]'라고 해요. 인기가 많은 육수로는 버섯탕이나 마라탕 외에도 '맑은 탕'인 '清汤[칭 탕]', '토마토탕'인 '番茄汤[판치에 탕]' 등이 있어요.

✏️ 내 글씨로 여행 즐기기!

☐
☐
☐

🍙 다른 표현 맛보기!

❶ 채소 모둠 한 판과 목이버섯 반 접시 더 주세요.
　Zài lái shūcài pīnpán hé bàn fèn mù'ěr.
　짜이 라이 슈차이 핀파이 허 빤 펀 무얼
☑ 再来蔬菜拼盘和半份木耳。
☐

❷ 새우 완자는 어떻게 넣어요?
　Xiāhuá zěnme xià ne?
　씨아 후아 전 머 씨아 너
☑ 虾滑怎么下呢?
☐

086 훠궈 내 입맛대로 즐기기

소스는 셀프인가요?

蘸料是自助的吗?

Zhànliào shì zìzhù de ma?
짠 리아오 스 쯔쥬더 마

🍱 판다와 함께 입국 준비!

중국은 훠궈나 만두집에서 소스를 셀프로 하는 곳이 많아요. 소스는 '蘸料[짠 리아오]' 또는 '蘸碟[짠 디에]'라고 하는데요. 여기서 '蘸[짠]'은 소스나 양념에 '찍다'라는 동작을 의미해요.

✏️ 내 글씨로 여행 즐기기!

☐
☐
☐

🔺 다른 표현 맛보기!

❶ 소스를 어떻게 하면 맛있어요?
  Zhànliào zěnme tiáo hǎochī?
  짠 리아오 전 머 티아오 하오 츠
☑ 蘸料怎么调好吃?
☐

❷ 제가 소스 배합을 잘 못하는데 한 접시 만들어 주실 수 있나요?
  Wǒ tiáo bù hǎo zhànliào, nín néng bāng wǒ tiáo yì wǎn ma?
  워 티아오 뿌 하오 짠리아오, 닌 넝 빵 워 티아오 이 완 마
☑ 我调不好蘸料，您能帮我调一碗吗?
☐

087 만두와 딤섬 맛보기

샤오롱빠오 한 시루 주세요

要一屉小笼包。

Yào yítì xiǎolóngbāo.
야오 이 티 샤오롱빠오

표현 영상

🛂 판다와 함께 입국 준비!

샤오롱바오 같은 음식은 찜통에 쪄서 대나무 재질의 시루에 담겨 나와요. 그래서 '한 시루', '屉[티]'로 주문해요. 또한 일반 육류나 해물 주문하듯이 중량으로 주문할 수도 있는데, 이때, '한 근'은 '一斤[이 진]'이라 하고 '반 근'은 '半斤[빤 진]'으로 주문합니다.

✏️ 내 글씨로 여행 즐기기!

☐
☐
☐

🥟 다른 표현 맛보기!

❶ 삼선 물만두 반 근 주세요.
  Yào bànjīn sānxiān shuǐjiǎo.
  야오 빤 찐 싼시엔 슈이지아오
☑ 要半斤三鲜水饺。
☐

❷ 이건 찐 건가요 아니면 구운 거예요?
  Zhè shì zhēng de háishi jiān de?
  쪄 스 쩡 더 하이스 지엔 더
☑ 这是蒸的还是煎的?
☐

088 길거리 음식 즐기기

지엔빙 하나 주세요.

煎饼来一个。

Jiānbǐng lái yígè.
지엔 빙 라이 이 거

표현 영상

🔴 판다와 함께 입국 준비!

'煎饼[지엔빙]'은 '구운 전'이라는 뜻으로, 계란과 밀가루 반죽을 얇게 펴서 구워 그 안에 다양한 식재료(소시지, 채소 등)를 싸서 먹는 길거리 음식이에요.

✏️ 내 글씨로 여행 즐기기!

☐
☐
☐

🔺 다른 표현 맛보기!

❶ 무슨 맛 있어요?
Yǒu shénme kǒuwèi de?
요우 선머 커우워이 더
☑ 有什么口味的?
☐

❷ 플레인 맛으로 주세요.
Yào Yuánwèir de.
야오 웬 월 더
☑ 要原味儿的。
☐

 **089 현지 양꼬치 경험하기**

양꼬치는 1인분에 몇 개인가요?

羊肉串一份是多少个?

Yángròu chuàn yífèn shì duōshao ge?
양 러우 츄안 이 펀 스 두오 샤오 거

표현 영상

🧳 판다와 함께 입국 준비!

양꼬치는 가게마다 파는 묶음 수가 달라요. 메뉴판에 단위가 '个[거]'라면 한 개당 가격이고, '打[다]'라면 열두 개당 가격이고, '份[펀]'이라면 1인분으로 표기된 거예요.

✏️ 내 글씨로 여행 즐기기!

☐
☐
☐

🌲 다른 표현 맛보기!

❶ 절반만 주문 가능한가요?
Kěyǐ diǎn bànfènr ma?
커이 디엔 빤 펄 마
☑ 可以点半份儿吗?
☐

❷ 디핑 소스도 한 접시 주세요.
Zhàndié yě lái yífènr.
짠 리아오 예 라이 이 펄.
☑ 蘸碟也来一份儿。
☐

한 꼬치에 얼마입니까?

一根签多少钱?

Yì gēn qiān duōshao qián?
이 껀 치엔 두오샤오 치엔

표현 영상

📙 판다와 함께 입국 준비!

청두에서는 마라탕에 다양한 식재료를 넣을 때 꼬치에 꽂아서 판매해요. 양꼬치보다 가느다란 이 꼬치는 '签[치엔]'이라고 불러요.

✏️ 내 글씨로 여행 즐기기!

☐ _____
☐ _____
☐ _____

🔺 다른 표현 맛보기!

① 이건 어떻게 계산해요?
Zhège zěnme suàn?
쩌 거 전 머 쑤안
☑ 这个怎么算?
☐ _____

② [꼬치 별로/중량 별로] 계산해요.
Àn [qiān/zhòngliàng] suàn.
안 [치엔/쭝리앙] 쑤안
☑ 按[签/重量]算。
☐ _____

091 추가 사항 요청하기

음료를 좀 더 시킬까요?

再来点儿饮料吧。

Zài lái diǎnr yǐnliào ba.
짜이 라이 디알 인랴오 바

표현 영상

🔶 판다와 함께 입국 준비!

사실 이 '再来点儿饮料吧[짜이 라이 디알 인랴오 바]'라는 문장은 손님이 추가 주문할 때도 말할 수 있지만, 종업원이 식사 메뉴를 보고 제안할 수도 있는 문장이에요.

✏️ 내 글씨로 여행 즐기기!

☐
☐
☐

🔺 다른 표현 맛보기!

❶ 매실초 음료 주세요.
　Lái suānméitāng ba.
　라이 쑤안 메이 탕 바
☑ 来酸梅汤吧。
☐

❷ 필요없어요, 찻물이면 돼요.
　Bú yòng le, cháshuǐ jiù xíng.
　부 융 러, 챠 수웨이 지우 싱
☑ 不用了，茶水就行。
☐

092 추가 사항 요청하기

음료는 어떤 것이 있나요?

有什么饮料?

Yǒu shénme yǐnliào?
요우 션 머 인 랴오

📙 판다와 함께 입국 준비!

메뉴를 주문하고 나면 마지막 순서에 종업원이 '음료는 뭐로 하시겠어요?'라고 물어봐요. 이 질문은 '饮料喝什么[인랴오 허 션 머]'라고 해요.

✏️ 내 글씨로 여행 즐기기!

⛰️ 다른 표현 맛보기!

❶ 얼음 좀 가져다주세요.
Gěi wǒ ná yìxiē bīngkuàir ba.
게이 워 나 이씨에 삥쿠알 바
☑ 给我拿一些冰块儿吧。

❷ 맥주잔 좀 주세요.
Gěi wǒ yíge píjiǔ bēi ba.
게이 워 이 거 피지우뻬이 바
☑ 给我一个啤酒杯吧。

093 추가 사항 요청하기

고수는 넣지 마세요.

不要放香菜。

Búyào fàng xiāngcài.
부야오 팡 씨앙 차이

📕 판다와 함께 입국 준비!

'不要[부야오]'는 동사 앞에서 '하지 마라'라는 의미가 돼요. 예를 들어 '不要[부야오]' 뒤에 '(음식 속에) 넣다'는 뜻의 동사 '放[팡]'을 접속하여 '不要放[부야오 팡]'이라고 하면 '(요리에) 넣지 마세요'라는 뜻의 문장이 된답니다.

✏️ 내 글씨로 여행 즐기기!

☐
☐
☐

🍙 다른 표현 맛보기!

❶ 즈란은 많이 넣고, 맛조미료는 넣지 마세요.
  Duō fàng zīrán, bié fàng wèijīng.
  두오 팡 즈란, 비에 팡 워이 징
  ☑ 多放孜然，别放味精。
  ☐

❷ 너무 짜지 않게, 소금은 조금만요.
  Búyào tài xián le, shǎo fàng yán.
  부야오 타이 시엔러, 샤오 팡 옌
  ☑ 不要太咸了，少放盐。
  ☐

 **094 추가 사항 요청하기**

가리는 건 없어요.

没有忌口的。

Méiyǒu jìkǒu de.
메이 요우 지 커우 더

표현 영상

🧳 판다와 함께 입국 준비!

특정한 이유로 음식을 가리는 것을 '忌口[지 커우]'라고 표현해요. 메뉴를 다 주문한 후에 종업원이 보통 '有没有几口的？[요우메이요우 지 커우 더]'라고 질문합니다.

✏️ 내 글씨로 여행 즐기기!

☐ _____
☐ _____
☐ _____

🍙 다른 표현 맛보기!

❶ 이 요리가 너무 매운데, 어떻게 하죠?
　Zhège cài tài là le, zěnme bàn?
　쩌 거 차이 타이 라 러, 전 머 빤
☑ 这个菜太辣了，怎么办?
☐ _____

❷ 저는 땅콩 알레르기가 있어요.
　Wǒ duì huāshēng guòmǐn.
　워 뚜이 후아성 꾸오 민
☑ 我对花生过敏。
☐ _____

095 추가 사항 요청하기

좀 데워 주세요.

加热一下吧。

Jiā rè yíxià ba.
지아 러 이 씨아 바

📕 판다와 함께 입국 준비!
문장 마지막에 '吧[바]'를 넣어 말하면 제안, 추측, 의문 등의 의미가 돼요. 상대방에게 제안하며 '~하자', '~해주세요'라는 의미로 말할 때 사용해 보세요.

✏️ 내 글씨로 여행 즐기기!
☐
☐
☐

🔺 다른 표현 맛보기!

❶ 이 음식이 식었어요.
　Zhè dào cài liáng le.
　쪄 따오 차이 량러
☑ 这道菜凉了。
☐

❷ 육수 좀 넣어주세요.
　Jiā diǎnr tāng ba.
　지아 디알 탕 바
☑ 加点儿汤吧。
☐

096 추가 사항 요청하기

냅킨 있어요?

有没有餐巾纸?

Yǒu méiyǒu cānjīnzhǐ?
요우 메이 요우 찬 진 즈

📙 판다와 함께 입국 준비!

'纸[즈]'는 원래 '종이'라는 뜻이지만, 회화에서 넓은 의미로 '휴지'나 '냅킨'을 의미하기도 해요.

✏️ 내 글씨로 여행 즐기기!

☐ ____
☐ ____
☐ ____

🍙 다른 표현 맛보기!

❶ 1회용 젓가락 있어요?
　Yǒu méiyǒu yícì xìng kuàizi?
　요우 메이 요우 이 츠 씽 콰이 즈
☑ 有没有一次性筷子?
☐ ____

❷ [공용 숟가락/공용 젓가락] 하나 주세요.
　Qǐng gěi wǒ yíge [gōngsháo/gōngkuài].
　칭 게이 워 이 거 [꽁샤오/꽁콰이]
☑ 请给我一个[公勺/公筷]。
☐ ____

 **097 추가 사항 요청하기**

남은 요리는 포장해 주세요.

剩下的菜，给我打包吧。

Shèngxià de cài, gěi wǒ dǎbāo ba.
셩 씨아 더 차이, 게이 워 다 빠오 바

🧳 판다와 함께 입국 준비!
중국에서 음식이 남으면 포장하는 건 아주 흔한 일이에요. 종업원에게 '打包[다 빠오]'라고 말하면 1회용 용기를 가져다줄 거예요. 훠궈를 먹고 남은 고기나 채소를 포장하기도 해요.

✏️ 내 글씨로 여행 즐기기!
☐
☐
☐

🍙 다른 표현 맛보기!

❶ 소스도 같이 포장해 주세요.
　Qǐng bǎ jiàngliào yě yìqǐ dǎbāo.
　치 바 지앙리아오 예 이치 다 빠오
　☑ 请把酱料也一起打包。
　☐

❷ 젓가락은 두 개 주세요.
　Gěi wǒ liǎng ge kuàizi.
　게이 워 리앙 거 콰이 즈
　☑ 给我两个筷子。
　☐

___월 ___일

계산할게요.

买单。

Mǎi dān.
마이 딴

표현 영상

📱 판다와 함께 입국 준비!

'买单[마이 딴]'에서 '单[딴]'은 '계산서'라는 의미고, '买[마이]'는 '사다'라는 의미가 있어요. '계산하다'를 다른 말로 '结账[지에짱]'이라고도 할 수 있어요.

✏️ 내 글씨로 여행 즐기기!

☐
☐
☐

🍙 다른 표현 맛보기!

❶ 선불인가요 아니면 후불인가요?
　Xiān fù háishi hòu fù?
　시엔 푸 하이스 허우 푸
☑ 先付还是后付?
☐

❷ 영수증 주세요.
　Qǐng gěi wǒ shōujù.
　칭 게이 워 셔우 쥐
☑ 请给我收据。
☐

145

여행 칼럼 ❶
시인들이 사랑한 도시 항저우(杭州)

'하늘에 천당이 있고, 땅에는 쑤저우와 항저우가 있다.' 시인들이 사랑한 도시 항저우(杭州)! 청나라 서태후는 서호(西湖)에 반해 서호를 그려와 이화원 곤명호를 만들었다고 하죠. 서호 주변을 둘러보는 방법은 자전거나 유람선도 있어요. 항저우는 자연 풍광 외에도 알리바바 본사가 있어 이곳을 중심으로 디지털 경제가 발전했는데 메타버스, 게임, 교육 등 새로운 과학기술 스타트업을 육성하는 곳이기도 해요.

항저우는 저장성(浙江省)의 성도로, 면적은 강원도와 비슷하고 사계절이 뚜렷해요. 겨울은 한국보다 따뜻해 사계절 내내 여행하기 좋아요. 인천에서 항저우 샤오산 국제공항(杭州萧山国际机场)까지 직항으로 약 2시간 걸려요. 상하이에서 기차로 1시간 거리라 같이 여행하기 좋아요.

항저우의 1600년 영은사(灵隐寺)는 꼭 가봐야 해요. 영복사(永福寺) 카페에서 음료와 굿즈를 즐기고, 허팡지에(河坊街)에서 다양한 길거리 음식과 소동파가 만들었다는 동파육(东坡肉)을 맛보세요. 또 빼놓을 수 없는 항저우 차 박물관에서 룽징차(龙井茶)를 음미하고 마지막으로 서호에서 야간 유람선을 타보세요. 그럼 옛 시인들의 눈으로 항저우를 맘껏 느껴볼 수 있을 거예요.

여행 칼럼 ❷

현금이 필요없는 나라 중국의 스마트 라이프

중국에서 현금이 모바일 결제로 대체되면서 쇼핑, 음식 배달, 모빌리티, 여행 등 모든 생활과 관련된 활동은 모바일로 이뤄지고 있어요. 중국에서 여행할 때 현금을 받지 않아서 꽤 당황스러운 에피소드도 생기고 있거든요. 전 산업 분야에서 사람들을 더 스마트한 IT 생활로 리드하는 대표적인 모바일 서비스를 소개해 볼게요.

주요 결제 서비스로는 알리페이, 즈푸바오(支付宝)와 위챗페이, 웨이씬즈푸(微信支付)가 있어요. 알리페이는 알리바바에서, 위챗페이는 중국인의 카카오인 위챗에서 운영하고 있어요. QR 코드로 간편하게 결제할 수 있어 현금 없이도 편리한 생활이 가능해요. 최근 카카오페이와 네이버페이도 해외결제가 가능해져서 야시장을 마음 놓고 즐길 수 있어요.

온라인 쇼핑의 강자는 알리익스프레스로 알려진 중국 내수용 타오바오(淘宝)와 징둥(京东)이 있어요. 타오바오는 다양한 상품을 저렴하게 구매할 수 있는 플랫폼으로, 쇼핑 애호가들에게 인기입니다. 징둥은 빠른 배송과 신뢰할 수 있는 품질로 유명해요. 클릭 몇 번으로 원하는 물건을 집까지 배송받을 수 있답니다.

사람들의 발이 되어주는 모빌리티 서비스는 디디추싱(滴滴出行)이 대표적입니다. 디디는 택시 호출뿐만 아니라, 공유 자전거와 전동 스쿠터 서비스도 제공해 이동을 더욱 편리하게 만들어줘요.

즈푸바오 결제 연결 알아보기!

7

먹고 마시며 즐기기
카페&Bar 도장 깨기

7장 전체 듣기

❶ 기본 표현 익히기

❷ 공항과 기내에서

❸ 교통수단 이용하기

❻ 맛집 2배로 즐기기

❺ 핫스팟 즐기기

❹ 숙소 200% 즐기기

❼ 카페&Bar 도장 깨기

❽ 쇼핑 만끽하기

❾ 긴급상황 극복하기

099 카페에서 실속 있게 주문하기

아메리카노 한 잔 벤티 사이즈 주세요.

来一个美式咖啡，超大杯的。

Lái yí ge měishì kāfēi, chāo dà bēi de.
라이 이 거 메이 스 카페이, 챠오 따 뻬이 더

판다와 함께 입국 준비!

스타벅스(星巴克 [씽 빠 커])에서 음료를 주문할 때 사용할 컵 사이즈를 알려드릴게요. 톨 사이즈는 '中杯[중 뻬이]', 그란데 사이즈는 '大杯[따 뻬이]', 벤티 사이즈는 '超大杯[챠오 따 뻬이]'라고 해요.

내 글씨로 여행 즐기기!

☐
☐
☐

다른 표현 맛보기!

❶ 메뉴를 보여주세요.
  Gěi wǒ kàn càidān.
  게이 워 칸 차이 딴
☑ 给我看菜单。
☐

❷ 저 이 커피로 할게요.
  Wǒ yào zhège kāfēi.
  워 야오 쩌 거 카페이
☑ 我要这个咖啡。
☐

100 카페에서 실속 있게 주문하기

아이스 라떼 한 잔 주세요.

来一杯冰拿铁。

Lái yì bēi bīng nátiě.
라이 이 뻬이 삥 나 티에

📙 판다와 함께 입국 준비!

만약 얼음양, 설탕의 농도 등에 대한 특별한 요구가 없다면 '正常[쩡 챵]'이라고 말해 보세요. 기본 구성으로 된 음료를 받을 수 있답니다.

✏️ 내 글씨로 여행 즐기기!

☐
☐
☐

🍙 다른 표현 맛보기!

❶ 얼음은 적게요, 보통이요?
　Shǎo bīng, zhèngcháng?
　샤오 삥, 쩡 챵
☑ 少冰，正常?
☐

❷ 우유는 [두유/저지방 우유] 로 바꿔주세요.
　Niúnǎi huàn chéng[dòunǎi/dī zhī niúnǎi] ba.
　니우나이 환 쳥 [떠우 나이/띠 즈 니우나이] 바
☑ 牛奶换成[豆奶/低脂牛奶]吧。
☐

101 카페에서 실속 있게 주문하기

___월 ___일

에스프레소 샷 추가해 주세요.

加一份浓缩咖啡。

Jiā yí fèn nóngsuō kāfēi.
지아 이 펀 눙쑤오 카페이

표현 영상

판다와 함께 입국 준비!

'加[지아]'는 동사로 '더하다', '첨가하다'는 뜻이에요. '浓缩[눙쑤오]'는 '압축하다', '농축하다'라는 의미를 가지고 있어요.

내 글씨로 여행 즐기기!

☐
☐
☐

다른 표현 맛보기!

❶ [헤이즐넛/바닐라] 시럽 추가해 주세요.
Gěi wǒ jiā yí fèn [zhēnzi/xiāngcǎo] tángjiāng.
게이 워 지아 이 펀 [쩐즈/시앙 차오] 탕 지앙
☑ 给我加一份[榛子/香草]糖浆。
☐

❷ 제 컵에 담아 줄 수 있을까요?
Néng yòng wǒ de bēizi zhuāng ma?
넝 융 워 더 뻬이즈 좡 마
☑ 能用我的杯子装吗?
☐

102 슬기롭게 카페 이용하기

컵홀더는 어디에 있어요?

杯套在哪儿?

Bēitào zài nǎr?
베이 타오 짜이 나 리

🔖 판다와 함께 입국 준비!

'套[타오]'는 동사로는 '(커버를) 씌우다', '(겉에) 겹쳐 입다' 등의 의미고, 명사로는 '커버, 덮개'라는 의미랍니다.

✏️ 내 글씨로 여행 즐기기!

☐
☐
☐

🌱 다른 표현 맛보기!

❶ 셀프 데스크에서 직접 가져가세요.
Kěyǐ zài zizhùtái shang zì qǔ.
커이 짜이 쯔쭈타이 샹 쯔 취
☑ 可以在自助台上自取。
☐

❷ 빨대는 필요 없어요.
Bù xūyào xīguǎnr
뿌 쉬야오 시 괄
☑ 不需要吸管儿。
☐

103 슬기롭게 카페 이용하기

리필 되나요?

可以续杯吗?

Kěyǐ xù bēi ma?
커 이 쉬 뻬이 마

🐼 판다와 함께 입국 준비!

'续杯[쉬 뻬이]'는 '잔이 계속된다'는 의미로 음료를 리필하고 싶을 때 활용할 수 있어요. 리필은 패스트푸드 음식점이나 일부 호텔의 커피숍에서 가능하답니다.

✏️ 내 글씨로 여행 즐기기!

☐
☐
☐

🍙 다른 표현 맛보기!

❶ 리필은 얼마인가요?
　Xù bēi yào duōshǎo qián?
　쉬 뻬이 야오 두오 샤오 치엔
☑ 续杯要多少钱?
☐

❷ 자기 컵을 가져오면 4위안 할인을 받을 수 있어요.
　Zì dài bēi néng jiǎn sì yuán.
　쯔 따이 뻬이 넝 지엔 쓰 위엔
☑ 自带杯能减四元。
☐

104 슬기롭게 카페 이용하기

빨대 있어요?

有吸管儿吗?

Yǒu xīguǎnr ma?
요우 시 괄 마

표현 영상

🎴 판다와 함께 입국 준비!

일부 식당은 식기와 냅킨을 유료로 제공하기도 해요. 식기는 '餐具[찬 쥐]', 냅킨은 '餐巾纸[찬 진 즈]'라고 해요.

✏️ 내 글씨로 여행 즐기기!

☐
☐
☐

🍙 다른 표현 맛보기!

❶ 물티슈 있어요?
   Yǒu shījīn ma?
   요우 스 찐 마
☑ 有湿巾吗?
☐

❷ 포크를 주세요.
   Gěi wǒ chāzi ba.
   게이 워 챠 즈 바
☑ 给我叉子吧。
☐

105 밀크티 내 입맛대로 즐기기

___월 ___일

버블 밀크티 한 잔 주세요.

来一杯珍珠奶茶。

Lái yì bēi zhēnzhū nǎichá.
라이 이 뻬이 쩐 쥬 나이 챠

표현 영상

🧳 판다와 함께 입국 준비!
'奶茶[나이 챠]'는 '牛奶红茶[니우나이 홍챠]'의 줄임말로 '밀크티'라는 뜻입니다. '珍珠[쩐 쥬]'는 '진주'라는 보석 이름이지만 음료에서는 버블티에 들어가는 '타피오카 펄'이라는 뜻이에요.

✏️ 내 글씨로 여행 즐기기!
☐
☐
☐

🍃 다른 표현 맛보기!

❶ 설탕은 절반, 얼음은 빼고 주세요.
Bàn táng, qù bīng.
빤 탕, 취 삥
☑ 半糖，去冰。
☐

❷ 타피오카(진주) 추가할게요.
Jiā zhēnzhū.
지아 쩐 쥬
☑ 加珍珠。
☐

106 밀크티 내 입맛대로 즐기기

치즈 말차 하나 주세요.

要一个芝芝抹茶。

Yào yí ge zhīzhī mǒchá.
야오 이 거 즈 즈 모 챠

판다와 함께 입국 준비!

한 잔 '一杯[이 뻬이]', 한 병 '一瓶[이 핑]' 등 음료를 세는 단위가 따로 있지만, 만약 생각이 안 난다면 '한 개'라는 뜻으로 '一个[이 거]'라고 해도 괜찮아요.

내 글씨로 여행 즐기기!

☐
☐
☐

다른 표현 맛보기!

❶ 지금 주문하면 얼마나 기다려야 해요?
Xiànzài xià dān, yào děng duō cháng shíjiān?
씨엔 짜이 씨아 딴, 야오 덩 두오 챵 스 지엔
☑ 现在下单，要等多长时间？
☐

❷ HeyTea 인기 메뉴 Top4

다육포도 슬러시	크림치즈 딸기 슬러시	망고 자몽 슬러시	흑당 버블티
多肉葡萄	芝芝莓莓	多肉芒芒甘露	烤黑糖波波牛乳
duōròu pútáo	zhīzhī méiméi	duōròu mángmáng gānlù	kǎo hēitáng bōbō niúrǔ
두오 러우 푸타오	즈 즈 메이 메이	두오 러우 망망 깐 루	카오 헤이탕 보보 니우 루

107 갓 짜낸 주스 요청하기

이것은 갓 짜낸 주스인가요?

这是鲜榨果汁吗?

Zhè shì xiānzhà guǒzhī ma?
쩌 스 시엔 쨔 궈즈 마

표현 영상

🛂 판다와 함께 입국 준비!

생과일주스처럼 '신선하게 짠 것'이라는 뜻은 '鲜榨的[씨엔 쨔 더]'라고 하고 일반적으로 파는 '병 포장으로 된 것'은 '瓶装的[핑 쥬앙 더]'라고 표현해요.

✏️ 내 글씨로 여행 즐기기!

☐ _____
☐ _____
☐ _____

🎋 다른 표현 맛보기!

❶ 수박 주스 한 잔 주세요.
　Wǒ yào yì bēi xīguā zhī.
　워 야오 이 뻬이 시 구아 즈
☑ 我要一杯西瓜汁。
☐ _____

❷ 컵은 얼마나 큰 것이 있어요?
　Bēizi yǒu duō dà de?
　뻬이 즈 요우 두오 따 더
☑ 杯子有多大的?
☐ _____

죽엽청 한 주전자 주세요.

来一壶竹叶青。

Lái yì hú zhúyèqīng.
라이 이 후 쥬 예 칭

📙 판다와 함께 입국 준비!

식당에서 주스나 차를 주문할 때 잔이나 주전자로 주문할 수 있어요. '잔'으로 파는 것은 '杯[뻬이]'라고 표시하고, 주전자로 파는 것은 '壶[후]'라고 표시해요.

✏️ 내 글씨로 여행 즐기기!

☐
☐
☐

🍙 다른 표현 맛보기!

❶ 이건 녹차 인가요?
　Zhè shì lǜchá ma?
　쩌 스 뤼 챠 마
☑ 这是绿茶吗?
☐

❷ 이 계절에 어떤 차를 마시면 좋아요?
　Zhège jìjié hē shénme chá hǎo ne?
　쩌 거 지 지에 허 선머 챠 하오 너
☑ 这个季节喝什么茶好呢?
☐

109 중국 전통차 경험하기

따뜻한 물을 좀 넣어 주세요.

请加点儿热水。

Qǐng jiā diǎnr rèshuǐ.
칭 지아 디알 러 슈이

표현 영상

📕 판다와 함께 입국 준비!
뜨거운 것을 건네받을 때 종업원은 '뜨거우니 조심하세요'라는 의미로 '小心烫手[시아오 씬 탕 셔우]'라고 말해요.

✏️ 내 글씨로 여행 즐기기!
☐
☐
☐

🌲 다른 표현 맛보기!
❶ 차가 향이 좋은데, 이름이 뭔가요?
Chá hěn xiāng, zhè jiào shénme?
챠 흔 씨앙, 쩌 지아오 선 머
☑ 茶很香，这叫什么？
☐

❷ 카페인은 없나요?
Yǒu méiyǒu kāfēiyīn?
요우 메이요우 카페이인
☑ 有没有咖啡因？
☐

110 디저트 곁들이기

   ___월 ___일

이런 차에는 어떤 다과를 곁들이면 좋나요?

这种茶配哪个茶点好呢?

Zhè zhǒng chá pèi nǎge chádiǎn hǎo ne?
쩌중 챠 페이 나거 챠디엔 하오 너

표현 영상

📕 판다와 함께 입국 준비!

차나 커피와 함께 먹는 디저트 가운데 차 전용 디저트는 '茶点[챠 디엔]'이라고 하고, 보통 간식류를 통칭해서 '点心[디엔 씬]'이라고 해요.

✏️ 내 글씨로 여행 즐기기!

☐
☐
☐

🍙 다른 표현 맛보기!

❶ 녹두떡 과자를 곁들이면 어때요?
  Pèi lǜdòugāo, zěnme yàng?
  페이 뤼떠우 까오, 전 머 양
  ☑ 配绿豆糕，怎么样?
  ☐

❷ 전 초콜릿 케이크 한 개 주세요.
  Wǒ yào yí fèn qiǎokèlì dàngāo.
  워 야오 이 펀 치아오 커 리 딴까오
  ☑ 我要一份巧克力蛋糕。
  ☐

111 현지인처럼 바 이용하기

칭다오 맥주 한 병 주세요.

来一瓶青岛啤酒。

Lái yìpíng Qīngdǎo píjiǔ.
라이 이 핑 칭다오 피 지우

표현 영상

📙 판다와 함께 입국 준비!
'와인'은 '红酒[홍 지우]', '위스키'는 '鸡尾酒[지 웨이 지우]', '하이볼'은 '高杯酒[까오 뻬이 지우]'라고 한답니다. 현지 바에서 다양한 술 주문에 도전해 보세요.

✏️ 내 글씨로 여행 즐기기!
☐
☐
☐

🎄 다른 표현 맛보기!

❶ 생맥주 한 잔 주세요.
  Lái yì bēi zhāpí.
  라이 이 뻬이 쨔 피
☑ 来一杯扎啤。
☐

❷ 무알코올 맥주 없어요?
  Yǒu méiyǒu wúchún píjiǔ?
  요우 메이요우 우츈 피지우
☑ 有没有无醇啤酒?
☐

112 현지인처럼 바 이용하기

미지근한 것 말고, 시원한 걸로요.

不要常温的，要冰的。

Búyào chángwēn de, yào bīng de.
부 야오 챵 원 더, 야오 삥 더

표현 영상

🛂 판다와 함께 입국 준비!

사계절 내내 따뜻한 차나 물을 마시는 중국에서 시원한 음료를 주문하고 싶다면 따로 요청해야 해요. 미지근한 건 '常温的[챵 원 더]'라고 하고, 시원한 건 '冰的[삥 더]'라고 해요.

✏️ 내 글씨로 여행 즐기기!

☐
☐
☐

🍙 다른 표현 맛보기!

❶ 시원한 맥주 한 병 주세요.
Lái yìpíng bīng de píjiǔ.
라이 이 핑 삥 더 피지우
☑ 来一瓶冰的啤酒。
☐

❷ 맥주가 안 시원한데, 바꿔주세요.
Píjiǔ bù bīng, huàn yíxià.
피지우 뿌 삥, 환 이 씨아
☑ 啤酒不冰，换一下。
☐

113 현지인처럼 바 이용하기

와인 리스트 좀 보여주세요.

请给我看一下酒单。

Qǐng gěi wǒ kàn yíxià jiǔdān.
칭 게이 워 칸 이 씨아 지우 딴

표현 영상

판다와 함께 입국 준비!

하우스 와인은 영어 단어를 그대로 음역해서 '好思酒[하오스 지우]'라고 하거나 '잔으로 파는 술'이란 뜻으로 '杯卖酒[뻬이 마이 지우]'라고도 표현해요.

내 글씨로 여행 즐기기!

☐
☐
☐

다른 표현 맛보기!

❶ 어떤 와인을 추천하시겠어요?
　Nǐ tuījiàn nǎge hóngjiǔ?
　니 투이 지엔 나 거 홍 지우
☑ 你推荐哪个红酒?
☐

❷ 저는 달콤한 것을 별로 좋아하지 않아요.
　Wǒ bútài xǐhuan tiántián de.
　워 부타이 시환 티엔 티엔 더
☑ 我不太喜欢甜甜的。
☐

114 현지인처럼 바 이용하기

맛있는 안주 좀 추천해 주세요.

给我推荐一下好吃的下酒菜。

Gěi wǒ tuījiàn yíxià hǎochī de xiàjiǔcài.
게이 워 투이 지엔 이씨아 하오 츠 더 씨아 지우 차이

판다와 함께 입국 준비!
안주는 '下酒菜[씨아 지우 차이]'라고 말해요.

내 글씨로 여행 즐기기!
☐
☐
☐

다른 표현 맛보기!

❶ 가장 빨리 만드는 안주가 뭐예요?
Zuò de zuì kuài de xiàjiǔcài shì shénme?
쭈오 더 쭈이 콰이 더 씨아 지우 차이 스 선 머
☑ 做得最快的下酒菜是什么?
☐

❷ 레몬 조각 좀 더 주세요.
Zài lái yìdiǎnr níngméng piàn.
짜이 라이 디알 닝 멍 피엔
☑ 再来一点儿柠檬片。
☐

여행 칼럼 ❶

천년의 중국을 느낄 수 있는 시안 西安

'백 년의 중국을 보려면 상하이를 보고, 오백 년의 중국을 보려면 베이징을 보고, 천 년의 중국을 보려면 시안을 보라'라는 말이 있어요. 이 말은 시안(西安)은 역사적으로 천 년이 넘는 기간 동안 여러 왕조의 수도로 자리 잡아왔기 때문에 그만큼 역사와 문화가 살아 숨 쉬고 있는 도시라는 의미예요.

시안은 실크로드의 시작점으로 산시성(陕西省)의 성도예요. 면적은 우리나라의 경기도 면적과 비슷해요. 중국에서 내륙에 위치하고 있으며 중국 6대 중심 도시 중에 하나이기도 해요. 시안은 사계절이 뚜렷하고 여름은 서울보다 조금 더 덥고, 겨울은 조금 더 추운 편이에요. 인천 출발을 기준으로 시안 셴양 국제공항(西安咸阳国际机场)까지 매일 직항편이 있으며 약 3시간 15분이 소요돼요.

진시황과 그의 테라코타 군대 병마용이 있는 진시황 병마용 박물관(秦始皇帝陵博物院)과 양귀비의 목욕탕이 있는 화청지(华清池)에 들러 구경하고 시인 백거이의 시조 〈장한가〉를 각색해 만든 장한가 공연을 볼 수 있다면 보는 것까지 추천해요. 그런 후에 회민가(回民街)에 들러 현지의 전통 먹거리를 만나 보세요. 특히 시안에서만 찾아 볼 수 있는 비앙비앙미엔과 시안식 햄버거인 러우지아모(肉夹馍)를 꼭 맛 보시길 권해드려요. 밤이 되면 야경이 특히 아름다운 서안 성벽(西安城墙)과 대안탑(大雁塔)을 보면 마치 시간 여행을 하는 듯한 느낌을 받을 거예요.

여행 칼럼 ②

한국 면적의 100배나 되는 중국 중국의 이동 수단

중국은 한국 면적의 100배나 된다고 해요. 이렇게 큰 땅을 어떻게 그 많은 사람들이 이동하고 서로 왕래할 수 있는지 중국의 교통 수단을 간략하게 소개해드릴게요.
첫 번째, 항공편이에요.

중국의 대표적인 항공사로는 '중국 국제항공(中国国际航空)', '중국 동방항공(中国东方航空)', '중국 남방항공(中国南方航空)' 등이 있습니다. 이 항공사들은 중국 국내와 해외 주요 도시를 편리하게 연결해 줘요.

두 번째, 기차예요. 고속과 일반 기차로 나눠지는데, 고속 열차만 소개할게요. 기차 유형이 많아 다양한 기차 여행을 경험할 수 있어요. 게다가 기차마다 운행하는 거리나 속도가 조금씩 달라 나의 여행 일정에 맞춰 예약한다면 밤시간 이동으로 숙박비도 절약하고 도시 사이의 풍경도 구경하니 일석이조예요. G로 시작하는 고속열차는 까오티에(高铁)고 장거리 운행 열차예요. C로 시작하는 고속열차는 청지(城际)로 가까운 도시 간 단거리로 운행해요. D로 시작하는 열차는 똥처(动车)로 정차역이 조금 더 많고 저렴한 편이에요.

세 번째, 장거리 버스예요. 장거리에 적합하게 침대칸과 화장실이 구비된 버스도 있어요.

네 번째는 시내 이동 택시예요. 중국에서 그냥 택시를 잡는 사람은 거의 없어요. 바로 디디추싱(滴滴出行) 때문일 거에요. 디디추싱은 우버와 같은 택시 호출 서비스인데 중국 내 이용자 수는 5억 명을 넘었고, 시장 점유율이 95%에 달해요. 즈푸바오와 같은 결제 서비스와 연동하고 영어버전을 사용한다면 외국인도 사실 디디추싱을 바로 이용할 수 있어요.

8
지갑이 마구 열린다
쇼핑 만끽하기

8장 전체 듣기

① 기본 표현 익히기

② 공항과 기내에서

③ 교통수단 이용하기

⑥ 맛집 2배로 즐기기

⑤ 핫스팟 즐기기

④ 숙소 200% 즐기기

⑦ 카페&Bar 도장 깨기

⑧ 쇼핑 만끽하기

⑨ 긴급상황 극복하기

115 쇼핑 관련 질문하기

이것 좀 볼게요.

我看一下这个。

Wǒ kàn yíxià zhège.
워 칸 이 씨아 쩌 거

표현 영상

🐼 판다와 함께 입국 준비!

가게에 들어서서 특별히 찾는 것 없이 그냥 둘러보고 싶다면 '我看一下吧[워 칸 이 씨아 바]' 또는 '我看看吧[워 칸칸 바]'라고만 하면 조용히 혼자만의 쇼핑 타임을 만끽할 수 있어요.

✏️ 내 글씨로 여행 즐기기!

☐
☐
☐

🌲 다른 표현 맛보기!

❶ 저는 이것을 찾고 있어요.
Wǒ zài zhǎo zhège.
워 짜이 쟈오 쩌 거
☑ 我在找这个。
☐

❷ 이것 있어요?
Yǒu méiyǒu zhège?
요우 메이요우 쩌 거
☑ 有没有这个?
☐

116 쇼핑 관련 질문하기

제가 좀 피팅해볼 수 있어요?

我可以试试吗?

Wǒ kěyǐ shìshi ma?
워 커 이 스 스 마

🧳 판다와 함께 입국 준비!

'试[스]'는 '시도하다'라는 뜻의 동사예요. 구체적인 상황에서 옷을 입거나, 신발을 신어 볼 때는 '试穿[스 츄안]'이라고 하고, 모자나 선글라스 같은 액세서리를 착용해 볼 때는 '试戴[스 따이]'라고 해요. 맛을 볼 때는 '尝尝[챵챵]'이라고 하면 된답니다.

✏️ 내 글씨로 여행 즐기기!

☐ _____
☐ _____
☐ _____

🎋 다른 표현 맛보기!

❶ 입어 봐도 될까요?
Wǒ kěyǐ shìchuān ma?
워 커 이 스 츄안 마
☑ 我可以试穿吗?
☐ _____

❷ 피팅룸은 어디에 있어요?
Gēngyīshì zài nǎr?
껑 이 스 짜이 날
☑ 更衣室在哪儿?
☐ _____

117 쇼핑 관련 질문하기

다른 색은 없어요?

有没有别的颜色?

Yǒu méiyǒu bié de yánsè?
요우 메이요우 비에 더 옌 써

표현 영상

🔖 판다와 함께 입국 준비!

'다른 것'을 중국어로는 '別的[비에 더]'라고 해요. 뒤에 명사를 붙여 '別的~'라고 하면 '다른~'으로 해석할 수 있답니다. 예를 들어, '別的颜色[비에 더 옌 써]'라고 하면 '다른 색상'이라는 뜻이 돼요.

✏️ 내 글씨로 여행 즐기기!

☐
☐
☐

🗻 다른 표현 맛보기!

❶ 이것보다 더 저렴한 것 없어요?
Yǒu méiyǒu bǐ zhège piányi diǎnr de?
요우 메이요우 비 쩌 거 피엔이 디알 더
☑ 有没有比这个便宜点儿的?
☐

❷ 이것보다 좋은 것 없나요?
Yǒu méiyǒu bǐ zhège hǎo diǎnr de?
요우 메이요우 비 쩌거 하오디알 더
☑ 有没有比这个好点儿的?
☐

118 샤오미에서 물건 구매하기

샤오미 가게는 몇 층에 있어요?

小米门店在几楼?

Xiǎomǐ méndiàn zài jǐ lóu?
샤오 미 먼 띠엔 짜이 지 러우

📕 판다와 함께 입국 준비!

중국 쇼핑몰은 규모가 매우 커서 동측이나 서측, A동이나 B동을 나타내는 단어를 기억하면 좋아요. 동서남북은 '东西南北[똥 시 난 베이]'라고 하고 '~동'은 '栋[똥]' 또는 '座[쭈오]'라고 표현해요.

✏️ 내 글씨로 여행 즐기기!

☐
☐
☐

🗻 다른 표현 맛보기!

❶ 어디에서 이걸 살 수 있어요?
Zài nǎr néng mǎi dào zhège?
짜이 나 리 넝 마이 따오 쪄 거
☑ 在哪儿能买到这个?
☐

❷ 어디에서 [수영모자/마스크/우산] 을 파나요?
Nǎlǐ yǒu mài [yǒngmào/kǒuzhào/yǔsǎn] de ne?
나 리 요우 마이 [용 마오/커우 쨔오/위 산] 더 너
☑ 哪里有卖[泳帽/口罩/雨伞]的呢?
☐

119 옷 꼼꼼하게 구매하기

___월 ___일

이것은 프리사이즈인가요?

这是均码吗?

Zhè shì jūnmǎ ma?
쩌 스 쥔 마 마

표현 영상

📻 판다와 함께 입국 준비!
'均码[쥔 마]'는 '표준 사이즈' 또는 '프리사이즈'라는 의미예요.

📓 내 글씨로 여행 즐기기!
☐
☐
☐

🍙 다른 표현 맛보기!

❶ 조금 타이트해요. 조금 큰 것이 있어요?
　Yǒudiǎnr jǐn, yǒu dà yìdiǎnr de ma?
　요우 디알 진, 요우 따 이 디알 더 마
☑ 有点儿紧，有大一点儿的吗?
☐

❷ [물세탁/드라이] 해도 되나요?
　Kěyǐ [shuǐ xǐ/gān xǐ] ma?
　커 이 [슈이 시/깐 시] 마
☑ 可以[水洗/干洗]吗?
☐

120 옷 꼼꼼하게 구매하기

___월 ___일

이 청바지를 제가 입을 수 있을까요?

这条牛仔裤，我能穿吗?

Zhè tiáo niúzǎikù, wǒ néng chuān ma?
쩌 티아오 니우 자이 쿠, 워 넝 츄안 마

판다와 함께 입국 준비!
바지는 '裤(子)[쿠(즈)]', 치마는 '裙(子)[췬(즈)]'라고 표현해요.

내 글씨로 여행 즐기기!

다른 표현 맛보기!

❶ [검정색/흰색] 원피스 있어요?
Yǒu méiyǒu [hēi sè/bái sè] de liányīqún?
요우 메이요우 [헤이 써/바이 써] 더 롄 이 췬
☑ 有没有[黑色/白色]的连衣裙?

❷ 따뜻한 패딩 좀 보여주세요.
Wǒ kàn yíxià bǎonuǎn de yǔróngfú.
워 칸 이쌰 바오 누안 더 위 롱 푸
☑ 我看一下保暖的羽绒服。

121 잡화 꼼꼼하게 구매하기

___월 ___일

블루색 넥타이를 좀 보여주세요.

给我看看蓝色的领带。

Gěi wǒ kànkàn lán sè de lǐngdài.
게이 워 칸 칸 란 써 더 링 따이

표현 영상

🧳 판다와 함께 입국 준비!
물건 앞에 색상을 구체적으로 붙여 말할 때 '的[더]'는 있어도 되고, 없어도 돼요. 파란색 셔츠는 '蓝色的领带[란써 더 링따이]' 또는 '蓝色领带[란써 링따이]'라고 해도 괜찮아요.

✏️ 내 글씨로 여행 즐기기!
☐
☐
☐

🏔️ 다른 표현 맛보기!

❶ [남성/여성] 셔츠가 있나요?
　Yǒu [nánshì/nǚshì] chènshān ma?
　요우 [난 스/뉘 스] 쳔 샨 마
☑ 有[男士/女士]衬衫吗?
☐

❷ 스트라이프나 체크로 된 것도 있어요?
　Háiyǒu tiáowén huò gézi de ma?
　하이 요우 티아오원 후어 거즈 더 마
☑ 还有条纹或格子的吗?
☐

122 잡화 꼼꼼하게 구매하기

이것은 어떤 재질로 만든 거예요?

这个是用什么材质做的?

Zhège shì yòng shénme cáizhì zuò de?
쩌 거 스 융 션 머 차이즈 쭈오 더

🀄 판다와 함께 입국 준비!

'用[융]'은 동사로 '사용하다'라는 의미예요. 또한, 한 문장 안에서 다른 동사의 앞에 놓여 '~를/을 사용해서', '~로'라는 의미로도 사용해요.

✏️ 내 글씨로 여행 즐기기!

☐
☐
☐

🍙 다른 표현 맛보기!

❶ 이것은 담수 진주인가요?
Zhè shì dànshuǐ zhēnzhū ma?
쩌 스 딴 슈이 쩐 쥬 마
☑ 这是淡水珍珠吗?
☐

❷ 색이 빠지지는 않죠?
Bú huì diào sè ba?
부 후이 띠아오 써 바
☑ 不会掉色吧?
☐

123 신발 꼼꼼하게 구매하기

이 샌들 살게요.

我要买这双凉鞋。

Wǒ yào mǎi zhè shuāng liángxié.
워 야오 마이 쩌 슈앙 리앙 시에

표현 영상

판다와 함께 입국 준비!

'鞋[시에]'는 '신발'이란 뜻이에요. 운동화는 '运动鞋[윈뚱 시에]', 슬리퍼는 '拖鞋[투오 시에]'라고 해요.

내 글씨로 여행 즐기기!

다른 표현 맛보기!

❶ 레인부츠 있어요?
Yǒu yǔxuē ma?
요우 위 쒸에 마
☑ 有雨靴吗?

❷ 이것은 신상인가요?
Zhè shì xīnkuǎn ma?
쩌 스 씬 쿠안 마
☑ 这是新款吗?

124 전자제품 꼼꼼하게 구매하기

___월 ___일

이거 지금 재고 있어요?

这个现在有货吗?

Zhège xiànzài yǒu huò ma?
쩌 거 씨엔 짜이 요우 훠 마

🐼 판다와 함께 입국 준비!

'물건'은 '货[훠]'라고 해요. 만약 재고가 있으면 '有货[요우 훠]', 없으면 '没货[메이 훠]'라고 한답니다.

✏️ 내 글씨로 여행 즐기기!

☐
☐
☐

🌲 다른 표현 맛보기!

❶ 블루투스는 어떻게 연결해요?
　Lányá zěnme liánjiē?
　란 야 전 머 리엔지에
☑ 蓝牙怎么连接?
☐

❷ 한국까지 보내줄 수 있을까요?
　Kěyǐ yóujì dào Hánguó ma?
　커이 요우 지 따오 한궈 마
☑ 可以邮寄到韩国吗?
☐

125 선물 포장 요청하기

___월 ___일

선물로 포장 가능한가요?

能包装成礼盒吗?

Néng bāozhuāng chéng lǐ hé ma?
넝 빠오쫭 쳥 리허 마

표현 영상

🛂 판다와 함께 입국 준비!

'포장하다'는 '包装[빠오 쮸앙]'이라고 하고 선물은 '礼物[리우]'라고 해요. 추가로 '(선물로) 주다'는 '送[쏭]'이라고 표현해요.

✏️ 내 글씨로 여행 즐기기!

☐
☐
☐

🍙 다른 표현 맛보기!

❶ 뽁뽁이로 포장해 주실 수 있나요?
　Néng yòng qìpàomó bāozhuāng ma?
　넝 융 치 파오 모 빠오쫭 마
☑ 能用气泡膜包装吗?
☐

❷ 잘 포장해 주세요, 깨질까 봐요.
　Qǐng bāozhuāng hǎo yìdiǎnr, wǒ pà nòngsuì le.
　칭 빠오쫭 하오 이디알, 워 파 눙 쑤이 러
☑ 请包装好一点儿，我怕弄碎了。
☐

 **126 교환·환불 요청하기**

며칠 내에 교환이나 환불할 수 있어요?

几天内可以退换呢?

Jǐtiān nèi kěyǐ tuìhuàn ne?
지 티엔 네이 커 이 투이 후안 너

📙 판다와 함께 입국 준비!

'退[투이]'는 구매한 물건을 무르거나 환불한다는 의미를 가진 동사예요. '退钱[투이 치엔]'이라고 하면 '환불하다', '退换[투이 후안]'은 '(물건으로) 교환하다'라는 뜻이에요.

✏️ 내 글씨로 여행 즐기기!

☐ _____
☐ _____
☐ _____

🍙 다른 표현 맛보기!

❶ 7일 이내에 무조건 환불 가능해요.
　Qītiān nèi kěyǐ wú lǐyóu tuì huò.
　치 티엔 네이 커 이 우 리요우 투이 후오
☑ 七天内可以无理由退货。
☐ _____

❷ 저랑 잘 안 어울려서, 반품하고 싶어요.
　Bútài shìhé wǒ, wǒ xiǎng tuì huò.
　부 타이 스 허 워, 워 시앙 투이 후오
☑ 不太适合我，我想退货。
☐ _____

127 교환·환불 요청하기

___월 ___일

품질문제가 있으면 교환해도 되나요?

有质量问题能换吗?

Yǒu zhìliàng wèntí néng huàn ma?
요우 쯔량 원 티 넝 환 마

표현 영상

📙 판다와 함께 입국 준비!

'품질'은 '质量[쯔량]'이라고 해요. 품질이 좋다고 하면 '质量好[쯔량 하오]'라고 하고 나쁘면 '质量不好[쯔량 뿌 하오]'라고 말한답니다.

✏️ 내 글씨로 여행 즐기기!

☐
☐
☐

🍙 다른 표현 맛보기!

❶ 여기서 산 건데, 교환되나요?
　　Zài zhèr mǎi de, kěyǐ huàn ma?
　　짜이 쩔 마이 더, 커 이 환 마
☑ 在这儿买的，可以换吗?
☐

❷ 다른 색상으로 바꾸고 싶어요.
　　Wǒ xiǎng huàn biéde yánsè.
　　워 시앙 환 비에 더 옌 써
☑ 我想换别的颜色。
☐

128 교환·환불 요청하기

이건 방금 산 건데, 고장났어요.

这是刚买的，坏了。

Zhè shì gāng mǎi de, huài le.
쩌 스 깡 마이 더, 화이 러

🟧 판다와 함께 입국 준비!

'刚 [깡]'은 부사로 '방금, 막'이라는 의미고 '刚+동사+的'는 '방금 막 ~ 한 거예요'라는 뜻이에요. 예를 들어 '방금 산 거예요'는 '刚买的[깡 마이 더]'라고 말해요.

✏️ 내 글씨로 여행 즐기기!

☐
☐
☐

🔺 다른 표현 맛보기!

❶ 여기 흠집이 있어요.
Zhèlǐ yǒu xiá cī.
쩌 리 요우 시아츠
☑ 这里有瑕疵。
☐

❷ 제가 원한 건 이게 아닌데, 잘못 포장해 준 것 같아요.
Wǒ yào de búshì zhège, hǎoxiàng zhuāng cuò le.
워 야오 더 부 스 쩌 거, 하오 시앙 쥬앙 추오 러
☑ 我要的不是这个，好像装错了。
☐

129 교환·환불 요청하기

영수증 드릴게요.

给你收据。

Gěi nǐ shōujù.
게이 니 셔우 쥐

표현 영상

📕 판다와 함께 입국 준비!
'영수증'을 보통 '收据[셔우 쥐]'라고 하고 사업자가 세금 신고용으로 발행하는 영수증, 즉 '세금계산서'는 '发票[파 피아오]'라고 해요. '发票[파 피아오]'를 발급하려면 중국 내에 사업자가 있어야 신청할 수 있어요. 여행할 때는 확인용으로 '收据[셔우 쥐]'만 요청해도 돼요.

✏️ 내 글씨로 여행 즐기기!
☐
☐
☐

🌲 다른 표현 맛보기!

❶ 포장은 이미 뜯었어요.
Bāozhuāng yǐjīng chāikāi le.
빠오 쥬앙 이징 챠이 카이 러
☑ 包装已经拆开了。
☐

❷ 그런데, 사용하지 않았어요.
Dànshì, méiyǒu yòng.
딴 스, 메이요우 융
☑ 但是，没有用。
☐

 **130 할인 상품 득템하기**

지금 할인해요?

现在打折吗?

Xiànzài dǎzhé ma?
씨엔 짜이 다져 마

📙 판다와 함께 입국 준비!

'打折[다 져]'는 '할인하다'는 뜻이에요. 예를 들어 우리말 '20% 할인'을 현지에서는 '打八折[다 빠 져]'라고 하는데, 여기에는 '80%의 금액을 지불하고 20%의 금액은 할인 받는다'라는 의미가 있어요. 추가로 '30% 할인'은 '打七折[다 치 져]'라고 한답니다.

✏️ 내 글씨로 여행 즐기기!

☐
☐
☐

🍙 다른 표현 맛보기!

❶ 20% 할인해요.
　Dǎ bā zhé.
　따 빠 져
☑ 打八折。
☐

❷ 제일 저렴하게는 얼마예요?
　Zuì dī duōshao qián?
　쭈이 띠 두오 샤오 치엔
☑ 最低多少钱?
☐

131 계산하며 쇼핑 만끽하기

___월 ___일

나눠서 계산해 주세요.

我想分开付款。

Wǒ xiǎng fēnkāi fùkuǎn.
워 시앙 펀 카이 푸 쿠안

📻 판다와 함께 입국 준비!

'分开[펀 카이]'는 '나누다'라는 의미고, '分期[펀 치]'라고 하면 '기간을 나누다'라는 뜻이에요.

✏️ 내 글씨로 여행 즐기기!

- [ ]
- [ ]
- [ ]

🎄 다른 표현 맛보기!

❶ 할부로 계산해주세요, 3개월이요.
　　Fēnqī fùkuǎn ba, sān ge yuè.
　　펀 치 푸 쿠안 바, 싼 거 위에
☑ 分期付款吧，三个月。
- [ ]

❷ 계산서 발행은 필요없고, 영수증이면 돼요.
　　Búyòng kāi fāpiào, shōujù jiùxíng.
　　부 용 카이 파 피아오, 셔우 쥐 지우 싱
☑ 不用开发票，收据就行。
- [ ]

132 계산하며 쇼핑 만끽하기

이 봉투는 유료인가요?

这个袋子收费吗?

Zhège dàizi shōufèi ma?
쩌 거 따이 즈 셔우 페이 마

표현 영상

📙 판다와 함께 입국 준비!

'일반 봉투'는 '袋子[따이 즈]'라고 하고 '다회용 가방', '에코백'은 '环保袋[환 바오 따이]'라고 표현해요.

✏️ 내 글씨로 여행 즐기기!

☐
☐
☐

🍙 다른 표현 맛보기!

❶ 봉투는 필요없어요, 챙겨왔어요.
Búyòng dàizi, wǒ dài le.
부융 따이즈, 워 따이 러
☑ 不用袋子，我带了。
☐

❷ 봉투를 두 개 주시고, 각각 나눠 포장해 주세요.
Wǒ yào liǎng ge dàizi, qǐng fēnkāi zhuāng.
워 야오 량 거 따이즈, 칭 펀카이 쮸앙
☑ 我要两个袋子，请分开装。
☐

여행 칼럼 ❶
봄의 도시 쿤밍 昆明

'쿤밍(昆明)'은 사계절 내내 봄이 가득해 '봄의 도시'라고 불러요. 쿤밍이 속한 윈난성(云南省)은 소수민족이 가장 많은 곳이기도 해요. 그만큼 다채로운 문화와 풍부한 자연경관이 있는 곳이에요. 중국에서 백패커들이 좋아하는 도시만 모아 놓은 윈난성은 연중 언제나 여행하기 좋아요. 만약 꽃을 좋아한다면 사시사철 다양한 꽃을 구경할 수 있는 쿤밍은 매년 원예박람회를 개최하는 곳이기도 해요.

윈난성에는 쿤밍 외에도 샹그릴라(香格里拉), 리지앙(丽江), 따리(大理)까지 이름만 들어도 알 만한 전 세계 배낭 여행자들의 성지라고 꼽기도 해요. 쿤밍에서 석림(石林)은 '바위 숲'이란 뜻으로 하늘 높이 솟은 돌기둥이 만든 풍경화를 감상할 수 있어요. 쿤밍라오지에(昆明老街)에서 옛 거리의 건축물도 보고 특이한 윈난의 수공예품이나 골동품을 쇼핑할 수도 있고 식당도 많이 있어서 식사를 하고, 커피농장이 있는 지역이니 향 좋은 '윈난 커피'도 디저트와 같이 즐겨보세요.

윈난성의 성도인 쿤밍은 중국 최남단에 있고 라오스, 베트남, 미얀마와 접해 있어 중국과 동남아의 느낌이 같이 풍기는 매력적인 도시예요. 면적은 경기도 두 배와 비슷한 크기예요. 인천 출발을 기준으로 쿤밍 창수이 국제공항(昆明长水国际机场)까지 매일은 아니지만 직항 편이 있고 소요시간은 약 4시간 30분이라고 해요.

여행 칼럼 ❷
행운을 전달하는 중국인의 마음 표현법

중국에서는 어떤 선물 에티켓이 있는지 또 주의할 점은 없는지 알려드릴게요.
중국에서 선물을 할 때는 포장이 꽤 중요해요. 특히 빨간색이나 금색 포장지는 행운과 번영을 의미해서 좋고, 흰색과 검은색 그리고 파란색 포장은 장례식과 관련이 있어 피하는 것이 좋아요. 그래서 중국에서 결혼할 때는 빨간 봉투에 담긴 축의금을, 장례식에서는 하얀색 봉투에 조의금을 넣어서 드려요.

선물은 짝수로 준비하는 것이 좋아요. 중국에서는 짝수가 행운과 조화를 의미하기 때문에, 짝수로 선물하는 것이 좋다고 여깁니다.

선물로 시계, 우산, 하얀 꽃, 칼을 피해야 하는 이유는 이들 물건의 발음이 불운이나 이별을 의미하는 발음과 비슷하기 때문입니다. 특히 시계는 '종말'을 의미하고, 우산은 '헤어짐'을 연상시켜요. 이는 숫자 4가 '죽음'과 발음이 비슷해 꺼리는 것과 같아요.

한국에서 선물로 가져가면 환영받는 선물 팁을 드리자면 화장품, 김, 홍삼, 한국 전통주 등이 있어요. 아무래도 선물은 주는 사람의 마음이 더 중요하겠죠? 진심을 담아 준비한 선물이라면 좋은 인상을 줄 거예요.

칭찬하는 방법 알아보기!

9

당황스럽지만 침착해
긴급상황 극복하기

9장 전체 듣기

133 물건을 분실했을 때

핸드폰을 잃어버렸는데, 핸드폰 좀 쓸 수 있을까요?

手机丢了，能借我用一下手机吗?

Shǒujī diū le, néng jiè wǒ yòng yíxià shǒujī ma?
셔우지 띠우 러, 넝 지에 워 융 이씨아 셔우지 마

📙 판다와 함께 입국 준비!
우리말 '(물건 등을) 잃어버리다'를 중국어로는 '丢[띠우]'라고 하고, '빌리다'는 '借[지에]'라고 표현해요.

✏️ 내 글씨로 여행 즐기기!
☐
☐
☐

🌲 다른 표현 맛보기!

❶ 가방을 차 안에 두고 내렸어요.
Wǒ de bāo wàng zài chē lǐ le.
워 더 빠오 왕 짜이 쳐리 러
☑ 我的包忘在车里了。
☐

❷ 분실물 취급소는 어디에 있어요?
Shīwù zhāolǐng chù zài nǎr?
스 우 쟈오 링 츄 짜이날
☑ 失物招领处在哪儿?
☐

134 물건을 분실했을 때

지갑을 도둑맞았어요.

钱包被偷走了。

Qiánbāo bèi tōu zǒu le.
치엔 빠오 뻬이 터우 저우 러

📙 판다와 함께 입국 준비!

'偷[터우]'는 '훔치다'라는 뜻의 동사예요. 앞에 '被[뻬이]'라는 전치사와 같이 쓰면 피동문으로 '(누군가에게) 도둑맞다'라는 의미가 돼요.

📝 내 글씨로 여행 즐기기!

☐
☐
☐

🍙 다른 표현 맛보기!

❶ 경찰에 신고하려면, 어디로 가야 합니까?
 Wǒ yào bào jǐng, gāi qù nǎr?
 워 야오 빠오 징, 까이 취 날
☑ 我要报警，该去哪儿?
☐

❷ 신고 좀 해주시겠어요?
 Nǐ néng bāng wǒ bào jǐng ma?
 니 넝 빵 워 빠오 징 마
☑ 你能帮我报警吗?
☐

이 약 있어요?

有这个药吗?

Yǒu zhège yào ma?
요우 쩌거 야오 마

📙 판다와 함께 입국 준비!

'药[야오]'는 '약'을 의미하고, '약국'은 '药店[야오 띠엔]' 또는 '药房[야오 팡]'이랍니다.
'먹는 약'은 '口服药[커우 푸 야오]'라고 말해요.

📝 내 글씨로 여행 즐기기!

☐
☐
☐

🍙 다른 표현 맛보기!

❶ 그런데, 전 처방전이 없어요.
　 Kěshì, wǒ méiyǒu chǔfāng.
　 커스, 워 메이요우 츄팡
☑ 可是，我没有处方。
☐

❷ 비슷한 약 있어요?
　 Yǒu lèisì de yào ma?
　 요우 레이 스 더 야오 마
☑ 有类似的药吗?
☐

136 약을 사야할 때

하루에 몇 번 먹어요?

一天吃几次?

Yì tiān chī jǐ cì?
이 티엔 츠 지 츠

판다와 함께 입국 준비!

불가피하게 약을 복용해야 한다면 복용법에 필수 어휘를 기억해 주세요. 횟수를 나타내는 '번, 회'는 '次[츠]', 약을 세는 '알'은 '片[피엔]' 또는 '粒[리]'라고 해요.

내 글씨로 여행 즐기기!

☐
☐
☐

다른 표현 맛보기!

❶ 한 번에 몇 알씩 먹어요?
  Yí cì chī jǐ piàn?
  이 츠 츠 지 피엔
☑ 一次吃几片?
☐

❷ 식후에 먹어요, 아니면 식전에 먹나요?
  Fàn hòu chī háishi fàn qián chī?
  판 허우 츠 하이스 판 치엔 츠
☑ 饭后吃还是饭前吃?
☐

137 갑자기 아플 때

____월 ____일

배가 좀 불편해요.

我肚子不舒服。

Wǒ dùzi bù shūfu.
워 뚜 즈 뿌 슈 푸

🧳 판다와 함께 입국 준비!
'舒服[슈 푸]'는 '편안하다'는 의미 외에 건강상 컨디션이 '좋다', 기분이 '편하다'는 뜻으로도 사용해요. '不舒服[뿌 슈 푸]'는 '컨디션이 좋지 않다'라고 할 때 가장 많이 사용하는 표현이에요.

✏️ 내 글씨로 여행 즐기기!
☐
☐
☐

🧭 다른 표현 맛보기!
❶ 체한 것 같아요.
Wǒ hǎoxiàng jīshí le.
워 하오 씨앙 지 스 러
☑ 我好像积食了。
☐

❷ 음식을 잘못 먹었는지 자꾸 토하려고 해요.
Wǒ hǎoxiàng chī huài dùzi le, yìzhí xiǎng tù.
워 하오 씨앙 츠 화이 뚜즈 러, 이 즈 시앙 투
☑ 我好像吃坏肚子了，一直想吐。
☐

138 갑자기 아플 때

설사를 해요.

我拉肚子。

Wǒ lā dùzi.
워 라 뚜 즈

표현 영상

📕 판다와 함께 입국 준비!
'拉肚子[라 뚜즈]'는 '설사하다'라는 표현이에요. 여기서 '肚子[뚜 즈]'가 '배'예요.

✏️ 내 글씨로 여행 즐기기!
☐
☐
☐

🍙 다른 표현 맛보기!

❶ 찬 건 먹지 마세요.
　Búyào chī liáng de.
　부 야오 츠 량 더
✅ 不要吃凉的。
☐

❷ 뜨거운 물을 많이 마셔요.
　Duō hē rèshuǐ.
　두오 허 러 슈에이
✅ 多喝热水。
☐

139 갑자기 아플 때

___월 ___일

데었는데 연고 있어요?

烫伤了，有药膏吗?

Tàng shāng le, yǒu yàogāo ma?
탕 샹 러, 요우 야오가오 마

표현 영상

🔖 판다와 함께 입국 준비!
'膏[가오]'는 '연고'를 의미해요. 앞에 '약'의 '药[야오]'를 붙여서 '药膏[야오 가오]'라고 하면 바르는 '연고'가 되고, 앞에 '치아'의 '牙[야]'를 붙여 '牙膏[야 가오]'라고 하면 '치약'이 돼요.

✏️ 내 글씨로 여행 즐기기!
☐
☐
☐

🌲 다른 표현 맛보기!
❶ 넘어져서 무릎을 다쳤어요.
　Shuāi dǎo le, kē dào xīgài le.
　슈아이 다오 러, 커 따오 시 까이 러
☑ 摔倒了，磕到膝盖了。
☐

❷ 다쳤는데 반창고 있어요?
　Shòu shāng le, yǒu chuāngkětiē ma?
　셔우 샹 러, 요우 추앙 커 티에 마
☑ 受伤了，有创可贴吗?
☐

140 전자기기에 문제가 생겼을 때

 ___월 ___일

충전기 좀 빌려 쓸 수 있을까요?

能借用一下充电器吗?

Néng jiè yòng yíxià chōngdiànqì ma?
넝 지에 융 이쌰 충 띠엔 치 마

표현 영상

📙 판다와 함께 입국 준비!

'没电[메이 띠엔]'은 '배터리가 나가다'는 표현이에요. 현지 쇼핑몰이나 상점에는 공유용 충전기를 제공하는 곳이 많답니다.

✏️ 내 글씨로 여행 즐기기!

☐
☐
☐

🍙 다른 표현 맛보기!

❶ 핸드폰 배터리가 다 나갔어요.
　Shǒujī méi diàn le.
　셔우 지 메이 띠엔 러
✅ 手机没电了。
☐

❷ 공유 보조 배터리 있나요?
　Yǒu méi yǒu gòngxiǎng chōngdiànbǎo?
　요우 메이요우 꽁 시앙 충띠엔바오
✅ 有没有共享充电宝?
☐

199

여행 칼럼 ❶
동양의 하와이
하이난 다오 海南岛

'동양의 하와이'라는 별칭이 있는 '하이난성(海南省)'은 깨끗한 바다와 펼쳐진 해변으로 유명한 섬 휴양지예요. 하이난 섬은 섬 전체가 하나의 성(省)으로 남쪽에는 싼야(三亚) 시가 있고, 특히 야롱 해변(亚龙海)은 아름다운 해변과 해양 액티비티를 즐길 수 있어요. 싼야는 하이난에서 가장 유명한 관광지로 야자수 가득한 해변과 고급 리조트가 늘어서 있어요. 북쪽에는 하이커우(海口) 시가 있어요. 이 두 도시는 하이난성의 대표적인 도시예요. 많은 중국 영화나 드라마의 촬영지이기도 한 하이난의 두 도시는 기차로 약 2시간 정도 걸려요.

하이난에서 신선한 해산물과 열대과일은 말할 필요도 없이 맛나겠죠? 현지 시장이나 식당에서 쉽게 다양한 해산물을 맛볼 수 있어요. 특색 있는 하이난의 요리는 원창지(文昌鸡)라는 닭고기와 코코넛 육수로 끓인 닭고기가 유명해요. 위치가 동남아와 가까워서 음식이 중국식과 동남아식이 섞인 느낌이 나는 것이 매력이에요. 그리고 뜨거운 낮에는 시원한 디저트 칭부량(清补凉)에 다양한 토핑을 넣어서 마치 팥빙수처럼 즐길 수 있으니 꼭 한번 드셔 보세요.

하이난성의 면적은 경상도 크기와 비슷해요. 기후는 연중 내내 따뜻한 날씨니까 우리나라의 겨울에 방문하려는 관광객이 많아요. 인천 출발을 기준으로 싼야 펑황 국제공항(三亚凤凰国际机场)까지 소요시간은 약 4시간 50분이에요.

여행 칼럼 ❷

MZ세대의 디지털 문화
중국의 젊은 물결

중국의 젊은 문화를 소개해드릴게요. 20대에서 30대의 중국 젊은이들은 한국과 비슷하면서도 독특한 문화를 가지고 있어요.

학교나 회사 생활에서의 워라밸(Work-Life Balance)은 한국과 비슷해요. 대도시에서는 일과 삶의 균형을 중시하며, 주말에는 친구들과 카페에서 시간을 보내거나 다양한 취미를 즐깁니다. 욜로족(YOLO)과 같은 의미인 월광족(月光族)도 있어서, 일하고 저축하고 아끼는 것보다 여행이나 맛집 탐방 등 경험에 투자하는 걸 선호해요.

중국의 MZ세대는 디지털 문화를 선도하고 있어요. 위챗(WeChat), 웨이보(Weibo), 틱톡(중국에서는 더우인, 抖音)을 활발히 사용하며, 라이브 스트리밍과 쇼핑을 결합한 타오바오 라이브(Taobao Live)도 인기예요.

그리고 중국의 젊은이들은 글로벌 흐름에 맞게 환경 보호와 지속 가능한 소비에도 관심이 많아요. 친환경 제품과 리사이클링 제품을 선호해요. 이런 점에서 한국과 비슷한 부분도 있지만, 중국만의 독특한 디지털 문화와 소비 트렌드도 느낄 수 있을 거예요.

비슷한 점도 많고, 독특한 점도 많은 중국의 젊은 문화, 여러분이 직접 경험해보세요!

베이징 유니버셜 스튜디오 ▶
방문기 보러가기!

하루 1줄,
손글씨로 채워가는 나만의 여행 수첩

여행
중국어
쓰기 수첩

나만의 중국어 쓰기 여행 노트

- ✓ 여행 미션 체크리스트
- ✓ 여행 단어 모음집

여행 미션 체크리스트

자, 중국으로 떠날 준비 되셨나요?
아래 미션을 클리어하면서 나만의 설레는 여행을 만들어 보세요.

미션 번호	미션 확인	내 글씨로 완료 체크
예시	중국 공항 입국심사 직원에게 중국어로 인사 건네기	搞定了!
미션 ❶	현지 사람에게 감사 표현하기	搞定了!
미션 ❷	지하철 출구가 어디에 있는지 물어보기	搞定了!
미션 ❸	숙소 체크인 시 금연실 or 고층 룸 요청해 보기	搞定了!
미션 ❹	근처 야시장 추천받기	搞定了!
미션 ❺	핫스팟에서 가로, 세로 사진 모두 찍어달라고 부탁하기	搞定了!
미션 ❻	식당에 들어가서 인원 수 말하기	搞定了!
미션 ❼	현지 훠궈집에서 맛있는 소스 조합 물어보기	搞定了!
미션 ❽	아침에 거리에서 지엔빙 주문하기	搞定了!
미션 ❾	옷 가게 직원에게 피팅룸 위치 물어보기	搞定了!
미션 ❿	현지 사람들과 하루에 열 마디 이상 대화 나누기	搞定了!

여행 미션 체크리스트 · 미션 ❶

현지 사람에게 감사 표현하기

미션 기록하기

언제	
어디서	
누구에게	

에피소드 메모하기

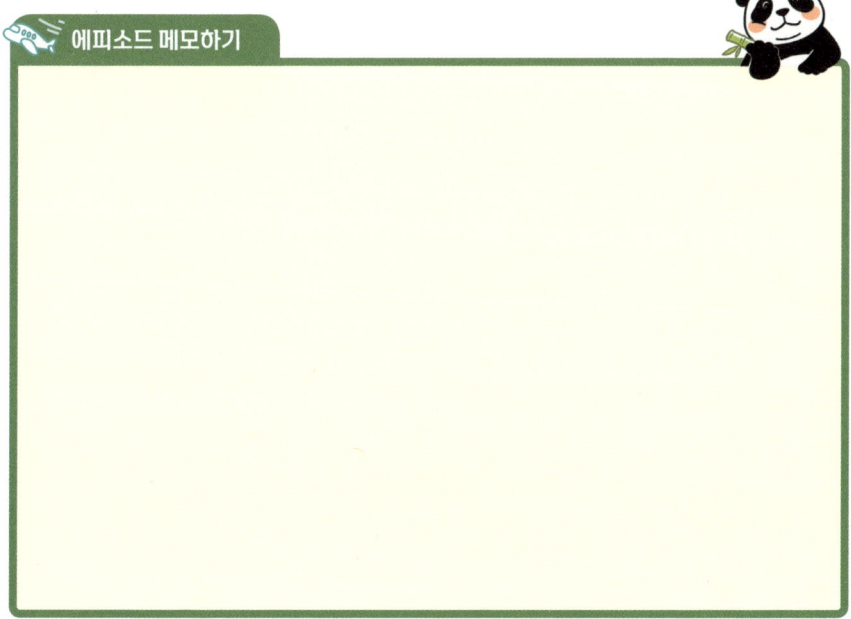

여행 미션 체크리스트 미션 ❷

지하철 출구가 어디에 있는지 물어보기

미션 기록하기

언제	
어디서	
누구에게	

에피소드 메모하기

여행 미션 체크리스트 미션 ❸

숙소 체크인 시 금연실 or 고층 룸 요청해보기

미션 기록하기

언제	
어디서	
누구에게	

에피소드 메모하기

여행 미션 체크리스트 미션 ❹

근처 야시장 추천받기

미션 기록하기

언제	
어디서	
누구에게	

에피소드 메모하기

여행 미션 체크리스트　미션 ❺

핫스팟에서 가로, 세로 사진 모두 찍어달라고 부탁하기

미션 기록하기

언제	
어디서	
누구에게	

에피소드 메모하기

여행 미션 체크리스트　미션 ❻

식당에 들어가서 인원 수 말하기

미션 기록하기

언제	
어디서	
누구에게	

에피소드 메모하기

여행 미션 체크리스트 미션 ❼

현지 훠궈집에서 맛있는 소스 조합 물어보기

미션 기록하기

언제	
어디서	
누구에게	

에피소드 메모하기

여행 미션 체크리스트 미션 ❽

아침에 거리에서 지엔빙 주문하기

미션 기록하기

언제	
어디서	
누구에게	

에피소드 메모하기

여행 미션 체크리스트 — 미션 ⑨

옷 가게 직원에게 피팅룸 위치 물어보기

미션 기록하기

언제	
어디서	
누구에게	

에피소드 메모하기

여행 미션 체크리스트 　미션 ⑩

현지 사람들과 하루에 열 마디 이상 대화 나누기

미션 기록하기

언제	
어디서	
누구에게	

에피소드 메모하기

하루 1줄,
나의 외국어 로망이 실현되는 순간

여행 단어 모음집 공항&기내에서

공항과 기내에서 활용할 수 있는 단어를 함께 정리해 봅시다.

1	登机手续 dēng jī shǒuxù [떵 지 셔우 쉬]	탑승 수속
2	托运 tuōyùn [투오 윈]	탁송하다
3	充电宝 chōngdiànbǎo [충 띠엔 바오]	보조 배터리
4	靠窗 kào chuāng [카오 츄앙]	창 쪽
5	座位 zuòwèi [쭈오 웨이]	좌석, 자리
6	付费 fù fèi [푸 페이]	비용을 지불하다
7	让 ràng [랑]	양보하다, 비키다
8	毛毯 máotǎn [마오 탄]	담요
9	给 gěi [게이]	주다
10	入境卡 rùjìngkǎ [루 징 카]	입국신고서

11	旅游 lǚyóu [뤼 요우]	여행, 여행하다
12	出差 chūchāi [츄 차이]	출장을 가다
13	打算 dǎsuàn [다 쑤안]	~할 계획이다
14	待 dāi [따이]	머무르다, 체류하다
15	住 zhù [쭈]	살다, 숙박하다
16	取 qǔ [취]	찾다, 취하다
17	行李 xíngli [싱 리]	여행짐
18	申报 shēnbào [션 빠오]	(세관) 신고하다
19	纪念品 jìniànpǐn [지 니엔 핀]	기념품
20	机场大巴 jīchǎng dàbā [지 창 따 빠]	공항 리무진 버스

여행 단어 모음집 — 교통수단에서

교통수단에서 활용할 수 있는 단어를 함께 정리해 봅시다.

1	附近 fùjìn [푸 찐]	근처
2	地铁站 dìtiě zhàn [띠 티에 짠]	지하철역
3	自动售票机 zìdòng shòupiàojī [쯔 뚱 셔 피아오 지]	표 자동 판매기
4	磁悬浮 cíxuánfú [츠 쉬엔 푸]	자기 부상 열차
5	往返 wǎngfǎn [왕 판]	왕복(하다)
6	站 zhàn [짠]	서다, 역(station)
7	出口 chūkǒu [츄 커우]	출구
8	到 dào [따오]	~까지, 도착하다
9	时刻表 shíkè biǎo [스 크어 비아오]	시간표
10	公交车 gōngjiāochē [꿍 지아오 쳐]	버스

11	出发 chūfā [츄 파]	출발(하다)
12	乘车 chéng chē [쳥 쳐]	승차하다
13	去 qù [취]	가다
14	卧铺 wòpù [워 푸]	(열차) 침대칸
15	单程 dānchéng [딴 쳥]	편도
16	晚点 wǎn diǎn [완 디엔]	연착하다, 제시간 보다 늦다
17	师傅 shīfu [스 푸]	기사님
18	过路费 guòlù fèi [꾸오 루 페이]	통행료
19	堵车 dǔ chē [두 쳐]	차가 막히다
20	航站楼 hángzhànlóu [항 짠 러우]	공항 터미널

여행 단어 모음집 숙소에서

숙소에서 활용할 수 있는 단어를 함께 정리해 봅시다.

1	入住 rùzhù [루 쭈]	체크인하다
2	预订 yùdìng [위 띵]	예약하다
3	押金 yājīn [야 진]	보증금
4	护照 hùzhào [후 쨔오]	여권
5	房间 fángjiān [팡 지엔]	방
6	应该 yīnggāi [잉 가이]	마땅히~해야한다
7	退房 tuì fáng [투이 팡]	체크아웃하다
8	寄存 jìcún [지 춘]	맡기다
9	游泳池 yóuyǒngchí [요우 용 츠]	수영장
10	健身房 Jiànshēnfáng [지엔 선 팡]	헬스장

11	矿泉水 kuàngquánshuǐ [쾅 취엔 슈웨이]	생수
12	免费 miǎn fèi [미엔 페이]	무료
13	毛巾 máojīn [마오 진]	수건
14	床单 chuángdān [츄앙 단]	침대시트
15	送餐服务 sòng cān fúwù [쏭 찬 푸우]	룸 서비스
16	叫醒服务 Jiàoxǐng fúwù [지아오 싱 푸 우]	모닝콜 서비스
17	空调 kōngtiáo [콩 티아오]	에어컨
18	房卡 fángkǎ [팡 카]	호텔 카드 키
19	续 xù [쉬]	계속하다, 더하다
20	大堂 dàtáng [따 탕]	로비

여행 단어 모음집 핫스팟에서

핫스팟에서 활용할 수 있는 단어를 함께 정리해 봅시다.

1	推荐 tuījiàn [투이 지엔]	추천하다
2	值得 zhídé [즈더]	가치가 있다, ~할 만하다
3	网红店 wǎnghóng diàn [왕홍 띠엔]	유명한 가게
4	夜市 yèshì [예 스]	야시장
5	门票 ménpiào [먼 피아오]	입장권
6	提前 tíqián [티 치엔]	앞당기다, 사전에~하다
7	可以 kěyǐ [커 이]	할 수 있다, 해도 된다
8	二维码 èrwéimǎ [얼 웨이 마]	QR코드
9	身份证 shēnfènzhèng [션 펀 쩡]	신분증
10	开 kāi [카이]	열다, 켜다

11	导游 dǎoyóu [다오 요우]	가이드
12	跟团游 gēntuányóu [껀 투안 요우]	패키지 여행, 단체 여행
13	报名 bào míng [빠오 밍]	신청하다
14	存 cún [춘]	보관하다. 저금하다
15	拍照 pāi zhào [파이 쟈오]	사진을 찍다
16	选择 xuǎnzé [쉬엔 저]	선택하다
17	按脚 ànjiǎo [안 지아오]	발 마사지
18	大约 dàyuē [따 위에]	대략, 약
19	信息 xìnxī [씬 시]	정보
20	需要 xūyào [쉬 야오]	필요하다

여행 단어 모음집 음식점에서

음식점에서 활용할 수 있는 단어를 함께 정리해 봅시다.

1	已经 yǐjīng [이 징]	이미
2	位子 wèizi [웨이 즈]	자리
3	排队 páiduì [파이 뚜이]	줄을 서다
4	用餐 yòng cān [융 찬]	식사를 하다
5	点餐 diǎn cān [디엔 찬]	주문하다
6	菜 cài [차이]	요리
7	辣 là [라]	맵다
8	怎么 zěnme [전 머]	어떻게
9	拼盘 pīnpán [핀 파이]	모둠 (여러 가지를 하나에 모은 것)
10	蘸料 zhànliào [짠 리아오]	소스

11	自助 zìzhù [쯔 쥬]	셀프
12	能 néng [넝]	할 수 있다, 가능하다
13	斤 jīn [찐]	(무게를 세는 단위) 근
14	水饺 shuǐjiǎo [슈이 지아오]	물만두
15	原味儿 yuánwèir [웬 월]	플레인 맛
16	羊肉串 yángròu chuàn [양 러우 츄안]	양꼬치
17	份 fèn [펀]	(식사나 세트 세는 데 사용) 인분
18	再 zài [짜이]	다시, 더
19	香菜 xiāngcài [씨앙 차이]	고수
20	咸 xián [시엔]	짜다

여행 단어 모음집 — 카페&Bar에서

카페나 Bar에서 활용할 수 있는 단어를 함께 정리해 봅시다.

1	美式咖啡 měishì kāfēi [메이 스 카 페이]	아메리카노
2	杯 bēi [뻬이]	(컵, 잔을 세는 단위) 잔
3	拿铁 nátiě [나 티에]	라테
4	正常 zhèngcháng [쩡 챵]	정상(이다)
5	牛奶 niúnǎi [니우 나이]	우유
6	加 jiā [지아]	더하다
7	吸管儿 xīguǎnr [시 괄]	빨대
8	湿巾 shījīn [스 찐]	물티슈
9	珍珠奶茶 zhēnzhū nǎichá [쩐 쥬 나이 챠]	밀크티
10	下单 xià dān [씨아 딴]	주문을 하다

11	果汁 guǒzhī [궈 즈]	과일 주스
12	壶 hú [후]	주전자, 술병
13	香 xiāng [씨앙]	맛있다, 향기롭다
14	蛋糕 dàngāo [딴 까오]	케이크
15	啤酒 píjiǔ [피 지우]	맥주
16	常温 chángwēn [창 원]	상온(의)
17	瓶 píng [핑]	(병을 세는 단위) 병
18	冰 bīng [삥]	차다, 얼음
19	喜欢 xǐhuan [시 환]	좋아하다
20	甜 tián [티엔]	달다

여행 단어 모음집 | 쇼핑 상황에서

쇼핑할 때 활용할 수 있는 단어를 함께 정리해 봅시다.

1	看 kàn [칸]	보다
2	试 shì [스]	시도하다
3	更衣室 gēngyīshì [껑 이 스]	탈의실
4	便宜 piányi [피엔 이]	(값이) 싸다, 저렴하다
5	别的 bié de [비에 더]	다른 것
6	颜色 yánsè [옌 써]	색상
7	门店 méndiàn [먼 띠엔]	소매점
8	楼 lóu [러우]	층, 건물
9	均码 jūnmǎ [쥔 마]	프리사이즈
10	有点儿 yǒudiǎnr [요우 디알]	좀~하다

11	牛仔裤 niúzǎikù [니우 자이 쿠]	청바지
12	穿 chuān [츄안]	입다
13	连衣裙 liányīqún [롄 이 췬]	원피스
14	材质 cáizhì [차이 즈]	소재, 재질
15	新款 xīnkuǎn [씬 쿠안]	신상 제품
16	链接 liánjiē [리엔 지에]	연결하다
17	礼物 lǐwù [리 우]	선물
18	退货 tuì huò [투이 후오]	환불, 교환하다
19	收据 shōujù [셔우 쥐]	영수증
20	打折 dǎzhé [다 져]	할인하다

나의 하루 1줄 여행 중국어 쓰기 수첩

초 판 발 행	2024년 10월 30일 (인쇄 2024년 09월 30일)
발 행 인	박영일
책 임 편 집	이해욱
저 자	심희연
편 집 진 행	이동준
표지디자인	조혜령
편집디자인	임아람 · 하한우 · 채현주
일 러 스 트	기도연
발 행 처	시대인
공 급 처	(주)시대고시기획
출 판 등 록	제 10-1521호
주 소	서울시 마포구 큰우물로 75 [도화동 538 성지 B/D] 9F
전 화	1600-3600
팩 스	02-701-8823
홈 페 이 지	www.sdedu.co.kr
I S B N	979-11-383-7871-0 (13720)
정 가	15,000원

※ 이 책은 저작권법에 의해 보호를 받는 저작물이므로, 동영상 제작 및 무단전재와 복제, 상업적 이용을 금합니다.
※ 이 책의 전부 또는 일부 내용을 이용하려면 반드시 저작권자와 (주)시대고시기획 · 시대인의 동의를 받아야 합니다.
※ 잘못된 책은 구입하신 서점에서 바꾸어 드립니다.
※ '시대인'은 종합교육그룹 '(주)시대고시기획 · 시대교육'의 단행본 브랜드입니다.